Ingrid Biermann

Mit Klara und den Mäusen die Welt entdecken

Ingrid Biermann

Mit Klara und den Mäusen die Welt entdecken

Spielimpulse und Angebote für Kinder unter Drei

HERDER

FREIBURG · BASEL · WIEN

© Verlag Herder GmbH, Freiburg im Breisgau 2010
Alle Rechte vorbehalten
www.herder.de

Umschlaggestaltung und -konzeption: Schwarzwaldmädel,
Simonswald
Umschlag- und Textillustrationen: Katja Jäger, Haschbach
Layout, Satz und Gestaltung: Arnold & Domnick, Leipzig
Druck und Bindung: fgb – freiburger graphische betriebe
www.fgb.de

Gedruckt auf umweltfreundlichem,
chlorfrei gebleichtem Papier

Printed in Germany

ISBN 978-3-451-32342-3

Inhalt

Vorwort

Ich bin fasziniert von dem Wunder „Kleinkind" – denn alles, was ein Mensch für seine Entwicklung benötigt, ist bereits in ihm angelegt. Mithilfe seiner Sinne, seiner Neugierde, seiner Entdeckungsfreude, seinem Mut und seiner Ausdauer treibt er seine Bildung voran. Vorgeburtliche Eindrücke und Erfahrungen werden von dem Augenblick an, an dem das Kind das Licht der Welt erblickt, vertieft, geklärt und vermehrt. Diesen Prozess kann der Erwachsene durch Zuwendung und Achtsamkeit unterstützen. Indem er das Kind aufmerksam beobachtet, erkennt er, *was* das Kind *wann* benötigt. Die Erzieherin sollte daher gut über die Entwicklung und die Ansprüche des Kleinkindes Bescheid wissen, ein Gespür für die individuellen Bedürfnisse haben und erkennen, welche Impulse sie ihm geben kann. Ich habe erfahren, mit welcher Freude der kleine Mensch Impulse aufnimmt und wie er sich mit Materialien, Sprache und natürlich auch mit seinen Bezugspersonen intensiv und eigenwillig auseinandersetzt. Kleinkinder haben ein besonderes Bedürfnis nach eindringlichen, ausgiebigen, selbst gemachten und ganzheitlichen Erfahrungen.

Nehmen Kindertagesstätten Kinder unter drei Jahren auf, verändert sich damit der gesamte pädagogische Auftrag. Die Erzieherin muss ihre pädagogische Arbeit ganz auf die Bedürfnisse dieser Kleinen abstimmen, muss ihr eigenes Tun regelmäßig hinterfragen und ihre Impulse den Ansprüchen des Kindes sowie der Gruppensituation immer wieder neu anpassen. Nur so hilft sie dem einzelnen Kind dabei, seine Umgebung Schritt für Schritt angstfrei zu entdecken. Das Kleinkind findet sich mit der Zeit selbst in seiner neuen Umgebung zurecht. Es benötigt dafür viel Zeit und von Seiten seiner Bezugspersonen Aufmerksamkeit, liebevolle Zuwendung, Geduld sowie ein sinnvolles Förderungsangebot. Hektik und ein Zuviel an Material-, Spiel- und Lernimpulsen kann diese Entdeckungsreise erschweren. Der pädagogische Gedanke ist, Schritt für Schritt ein besseres Verständnis für die Bedürfnisse der Kleinen zu bekommen und diese sinnvoll zu unterstützen.

Einige von Ihnen kennen vielleicht schon meine Klarabücher für Kinder von drei bis sechs Jahren. Das Jahreszeitenkonzept mit der Symbolfigur Klara wird seit einigen Jahren sehr erfolgreich von Erzieherinnen in den Kindertagesstätten umgesetzt. Nachdem mich viele Anfragen nach einem Klarakonzept für die Arbeit mit Kindern unter drei Jahren erreicht haben, habe ich mich intensiv mit den Bedürfnissen dieser Altersgruppe auseinandergesetzt und eine neue Vorgehensweise für diese entwickelt. Es stehen nicht mehr die Jahreszeiten, sondern eine Entdeckungsreise im Mittelpunkt, auf der die eigene Person und die Umgebung erkundet werden.

Dieses Praxisbuch hilft allen, deren Aufgabe es ist, Kinder unter drei Jahren auf ihrem Weg zu begleiten und zu fördern, bei der Suche nach sinnvollen Spiel-, Material- und Lernimpulsen. Mit dabei ist wieder Klara – mit ihrem Nachwuchs. Um die Entdeckungsreise mit Klara besser planen zu können, finden Sie Hintergründe und Bedingungen in einem ersten Kapitel. Hier habe ich auch Ideen für den ersten Reisetag mit Klara zusammengestellt. In der Folge begleiten Klara und ihre Mäusekinder die spannende Tour von Innen nach Außen, indem sie jeweils mit einer Einstiegsgeschichte in einen neuen Erfahrungsbereich einführen. Im Anschluss daran finden sich viele weitere schöne Klarageschichten, leicht umsetzbare Fingerspiele, kurze Mitmachgeschichten, Einschlaf- und Bewegungslieder, Kreativangebote, Natur- und Sachbegegnungen, welche die spielerische Förderung der Wahrnehmung und ganzheitlichen Entwicklung der Kinder zum Ziel haben.

Die Anregungen und Ideen sind jederzeit veränderbar und dem Entwicklungsstand sowie den Bedürfnissen der Kinder anzupassen. Keine Idee *muss* so durchgeführt werden, wie sie in diesem Buch dargestellt ist. Ich möchte mit den Spielimpulsen inspirieren, Kreativität wecken und zu eigenen Ideen ermutigen – denn die individuelle Arbeit mit den Kleinen ist wichtig, interessant und spannend.

Tauchen Sie in eine Welt ein, die Sie vielleicht schon vergessen hatten; denn dann entdecken und verstehen Sie die Welt Ihrer großen Kleinen. Ich wünsche Ihnen für Ihre gemeinsame Entdeckungsreise mit den Kindern viele schöne Erfahrungen.

Ihre Ingrid Biermann

Das Klarakonzept: Anleitung zur Entdeckungsreise

Mit Klara die Reise vorbereiten und gestalten

Die Klaramaus ist die Leitfigur bei dieser Entdeckungsreise. Sie soll helfen, die Entdeckungs- und Lernfreude der Kinder unter drei Jahren bei der Erkundung ihrer selbst und ihrer Umgebung zu unterstützen. Damit die Reise ein schönes Erlebnis für Sie und die Kinder wird, gilt es, vorher einige Überlegungen anzustellen.

Warum sind Symbolfiguren für die Kinder wichtig und hilfreich?

Symbolfiguren werden von Kindern geliebt. Ihnen schenken sie ihre volle Aufmerksamkeit. Symbolfiguren dienen als Gesprächspartner, Tröster und Mutmacher, die zwar stumm, aber dafür immer da sind. Diese Begleiter sind oft ein Leben lang dabei, denn sie können zu echten Freunden werden. Ihnen werden Geheimnisse anvertraut, auf sie kann man sich verlassen, sie erwarten nichts und geben doch viel. Mit ihnen kann man kuscheln, aber auch Trennungsangst oder Einsamkeit vergessen.

Während der Erlebnisreise begleiten kleine, selbst genähte Stoffmäuse die Kinder. Die Mäusekinder liegen immer in einem Weidenkorb, der mit vielen Tüchern zu einem großen Mäusenest ausgestattet wird. Der Korb steht in einer Raumecke und lädt die Kinder ein, jederzeit die Mäuse mit in ihr Spiel zu holen. Zusätzlich begleitet eine größere Maus, die selbst genähte Klaramaus, die Kinder auf der Erlebnisreise.

Klara und ihre kleinen Mäuse werden im Lauf der nächsten Wochen für Ihre Kinder Tröster, Begleiter, Spielpartner oder Freund werden.

So wie jede Reise vorbereitet werden muss, so sind auch für diese Reise einige Vorbereitungen zu treffen. Eltern helfen bestimmt gern und bekommen so Einblick in die pädagogische Arbeit.

Einbindung der Eltern in die Klarareise

Machen Sie Ihre Arbeit den Eltern transparent. Laden Sie sie zu einem ungewöhnlichen Elternabend ein. Erzählen Sie ihnen an einem Aktionsabend, dass sie mit den Kindern auf Entdeckungsreise gehen. Stellen Sie ihnen Klara und ihre Mäusekinder vor und machen Sie ihnen die Reiseroute deutlich.

Bitten Sie die Eltern um Unterstützung bei der Herstellung von Materialien, denn so können sie aktiv an der Arbeit in der Kindertagesstätte teilnehmen. Beginnen Sie früh genug mit den Vorbereitungen, damit auch für die Eltern kein Zeitdruck entsteht.

An der Entdeckungsreise sollten Sie die Eltern teilnehmen lassen, indem Sie alles dokumentieren und sie über Aktionen und Erfahrungen informieren. Machen Sie von den Angeboten Fotos und zeigen Sie den Eltern, wie die Kinder mit Freude und sehr viel Aufmerksamkeit Erfahrungen mit allen Sinnen machen. Zeigen Sie, wie sie Nahrung und Ernährung erleben, den Waschraum entdecken, in der Küche aktiv sind oder sich in der Natur orientieren. Anschaulich sind Bilder wie ihre Kinder draußen Schnecken sammeln, mit den Fingern essen oder mit Fingern Spuren hinterlassen. Hängen Sie diese Fotos mit den Begleittexten auf. Schreiben Sie kurz Ihre Zielsetzungen dazu und verdeutlichen Sie den Eltern die Lern- und Bildungsprozesse. Zeigen Sie auf, welche sprachlichen Erfahrungen die Kinder gesammelt haben und welche Sinnesbereiche besonders angesprochen wurden. Indem Sie Ihre Tätigkeit transparent machen, zeigen Sie Kompetenz.

Nehmen Sie die Eltern mit auf die Entdeckungsreise und laden Sie sie ein, an Aktionstagen Einblick in die Reise der Kinder zu gewinnen. Lassen Sie sie aktiv teilnehmen. Über diesen Weg bauen Sie Interesse für Ihre Arbeit auf und der Weg zu einem vertrauten und verständnisvollen Miteinander wird leichter. Bieten Sie den Eltern mehrere Tage an, so dass sie freie Auswahl haben und Ihr Angebot mit ihren eigenen Terminen gut koordinieren können. Mit diesen gemeinsamen Aktionen entsteht eine der wichtigsten Grundlagen, nämlich die Bildung einer Erziehungs- und Bildungspartnerschaft zwischen Ihnen und den Eltern.

Ausstattung der Reise

Bevor Sie mit der Entdeckungsreise starten, müssen die Begleiter und deren Zuhause hergestellt werden, nämlich Klara, ihre Mäusekinder und die Holzkiste. In Zusammenarbeit mit den Müttern und Vätern der Kinder, beispielsweise in mehreren Elternaktionstagen, macht die Herstellung viel Freude. Ebenso sollten einige Materialien ergänzt werden.

Holzkiste mit Deckel, eine größere Klaramaus aus Kuschelstoff gefüllt mit Raps oder Kirschkernen, für jedes Kind je eine kleine Stoffmaus und ein Sonnenkissen gefüllt mit Raps oder Kirschkernen, eine grüne Decke (symbolisch für die Wiese), Spiegel, viele kleine Kuscheltiere (z. B. Hase, Frosch)

Herstellung der Holzkiste

Lassen Sie sich von einem Schreiner oder einem Elternteil eine beliebig große Holzkiste mit Deckel schreinern. Der Deckel kann mit Teppichboden beklebt werden und ist im verschlossenen Zustand als Sitz- oder Spielpodest zu nutzen. Diese Kiste ist eine große Wühlkiste. Sie wird mit Raps, Erbsen oder Bohnen gefüllt.

Die Kiste ist den Kindern nur unter Aufsicht der Erzieherin offen zugänglich. Hat die Erzieherin keine Zeit, so wird die Kiste mit einem Holzbrett verschlossen und als Spielpodest genutzt.

Herstellung der Mäuse

Die Mäuse sind schnell hergestellt, indem aus einem Quadrat ein Dreieck gefaltet und genäht wird. Es können beliebig große Dreiecke sein. Die Mäuse sollten aus unterschiedlichen, weichen, einfarbigen Stoffen produziert werden, um den Kindern angenehm reizarme Sinneserfahrungen zu ermöglichen. Zugleich erkennt jedes Kind seine Maus und findet sie schnell wieder. Diese Dreiecke können, mit Kirschkernen oder Raps gefüllt, auch als Wärmemaus genutzt werden.

Die Klaramaus kann gleich wie die Mäusekinder hergestellt werden, allerdings aus einem etwas größeren Stoffquadrat mit einem besonderen Farbmuster.

Herstellung der Sonnenkissen

Aus weichem, gelbem Stoff werden für jedes Kind runde Kissen genäht etwa in der Größe eines Kuchentellers. Diese werden mit Raps oder Kirschkernen gefüllt und können (z. B. erwärmt) als Sitz-, Schmuse- oder Schlafkissen genutzt werden.

Informationen für die Reisegestaltung: Die Rolle der Erzieherin und der Umgebung

Der Erfolg einer Reise ist auch von den Reisebegleitern und dem Reiseort abhängig. Über diese Rahmenbedingungen, nämlich die Rolle der Erzieherin und der Umgebung in der Kindertagesstätte sollten Sie sich vorab klar werden.

Die Rolle der Erzieherin

Die Erfahrung einer sicheren Bindung, macht das Kind in den ersten drei Jahren. Die Gruppenerzieherin wird eine neue Bezugsperson für das Kleinkind. Daher ist eine offene, ehrliche, liebevolle, achtsame, verständnisvolle und vertrauensvolle Beziehung der Erzieherin zum Kind ausschlaggebend für die Entwicklung seines Urvertrauens und seiner Bindungssicherheit.

Das Kind erlebt und lebt in den ersten Jahren viel über seine Gefühle. Es braucht daher verlässliche Menschen, die das, was sie denken, sagen, tun und mit ihm unternehmen, von Herzen machen. Jedes Kind sollte daher ohne Vorurteile von allen Erzieherinnen der Kindertagesstätte angenommen, unterstützt und begleitet werden. Nur dann hat das Kind eine Chance, zu zeigen, was in ihm steckt. Das Kind spürt die offene und ehrliche Beziehung, die sich zwischen ihm, den Eltern und den Erzieherinnen entwickelt. Es spürt, ob gegenseitiges Vertrauen, Ehrlichkeit, Offenheit und Wohlwollen die Basis der Zusammenarbeit sind, oder ob Misstrauen und Unehrlichkeit unterschwellig eine Beziehung unmöglich machen. Die Erzieherinnen und die Eltern müssen sich über die Bedeutung dieser intensiven und ehrlichen Beziehung klar sein. Deshalb ist auch die Elternarbeit sowie die Einbeziehung eines Elternbeirates von großer Wichtigkeit. Transparenz, Verlässlichkeit und Verständnis sollte die Zusammenarbeit zwischen den Eltern und der Einrichtung auszeichnen.

Die Erzieherin, die nun die Kleinkinder begleitet, muss sich im Vorfeld bewusst auf ihre neue Arbeit vorbereiten. Sie sollte ein umfangreiches Fachwissen haben und sich neue Kompetenzen aneignen, um mit Kopf und viel Herz beim Kind zu sein. Wenn sie Kompetenz, Freundlichkeit und Sicherheit ausstrahlt, kann sie das Vertrauen der Eltern gewinnen. Geduld, Einfühlungsvermögen, Ehrlichkeit, Verlässlichkeit, Verschwiegenheit, die Freude am Mitmachen und Entdecken, die Fähigkeit, aufmerksam zu sein, genau hinzusehen und hinzuhören, sind nur einige von vielen Kompetenzen, die die neue Bezugsperson für Kinder und Eltern zu einer wahren Vertrauten machen.

Die Bedeutung der vertrauten Umgebung

Die Kindertagesstätte mit ihren Räumlichkeiten und dem Außengelände sind für das Kind bei Eintritt in den Kindergarten neu und unbekannt. Daher muss die Erzieherin dem Kind die neue Umgebung Schritt für Schritt nahe bringen. Sie muss das Kind langsam von der Innenwelt zur Außenwelt begleiten und ihm alles Neue behutsam zeigen. Der Gruppenraum, in dem das Kind viel Zeit verbringt, wird zu seiner Lernwerkstatt. Hier macht es neue Erfahrungen. Hier will es allein oder mit anderen entdecken, experimentieren, kriechen, krabbeln, klettern, sortieren, bauen, ruhen, schlafen, essen, zuhören, mitmachen, schmieren, matschen, singen, lachen, weinen und getröstet werden. Es will ganz individuell und in seinem eigenen Tempo seine Erfahrungen machen. Der Raum der unter Dreijährigen muss daher alle genannten Bedürfnisse stillen können und eine gut strukturierte, geordnete und vorbereitete Umgebung aufweisen. Wenige Möbelstücke, die klare Impulse geben, eine visuelle Klarheit in Farb- und Formgestaltung, vielfältiges, gut sortiertes und dosiertes Material machen diese Klarheit aus. Der Raum, der zur Aktivität und Kreativität auffordert, sollte auch durch gemütliche Ecken, Höhlen und Winkel zur Ruhe einladen und mit viel Platz für Kletter-, Rutsch- und Bewegungsmöglichkeiten die Bewegungsfreude des Kindes unterstützen. Weitere Räume wie Schlafraum, Waschraum oder auch die Küche müssen zusammen mit der Erzieherin (und bestenfalls den Eltern) erkundet werden, um sich später allein und sicher in diesen Räumen bewegen zu können. Auch der Aufenthalt draußen ist den Kleinen noch nicht vertraut und sollte daher, so oft wie möglich unter Begleitung der vertrauten Erzieherin entdeckt werden. Ist das Drinnen und Draußen vertraut, so kann das Kind später kleine, von der Bezugsperson beobachtete Alleingänge wagen.

„Lernen ist ein Kinderspiel" – Gestaltung und Bedeutung von Lernerfahrungen

Die Entdeckungsreise mit Klara bietet viele Lernerfahrungen. Eine Reihe von Aspekten wie die Ganzheitlichkeit oder auch die Ästhetik beeinflussen, prägen und vertiefen die Lernerfahrungen. Für die Kinder steht aber immer die Freude am Spiel im Mittelpunkt.

Die Bedeutung der ganzheitlichen Erfahrung

Etwas begreifen, etwas verstehen, etwas verinnerlichen heißt, etwas häufig und auf vielfältige Weise selbst erleben. Dabei spielen die Wiederholungen eine wichtige Rolle. Um den Text eines Liedes, eines Fingerspieles oder einer Geschichte vielseitig zu erfahren, soll das Kind ihn mit seinen Ressourcen erleben dürfen. Seine sieben Sinne, nämlich die Augen, die Ohren, die Nase, die Zunge, die Haut, die Orientierung (Muskel- und Stellungssinn) und der Gleichgewichtssinn, unterstützen den Bildungsprozess. Sie sind zugleich seine Lernkanäle. Schon Pestalozzi und Maria Montessori haben das „Ganzheitliche Lernen" zu ihrem pädagogischen Prinzip gemacht. Nur das, was ein Mensch selbst erfahren hat, führt zum Begreifen und zum Verstehen. Der Mensch lernt nicht nur mithilfe seiner sieben Sinne, sondern auch durch seine Gefühle. Freude, Trauer, Mut und Angst bestimmen die Lust zu erforschen, zu entdecken und zu lernen. In einem harmonischen, sozialen Miteinander und einem vorbereiteten Umfeld festigt das Kind seine Erfahrungen, teilt seine Erkenntnisse mit und gibt seine Erlebnisse an den Anderen weiter. Für das ganzheitliche Lernen steht die Kita mit ihren Räumen, Materialien, Strukturen, Ideen, Impulsen und ihren pädagogischen Fachkräften.

In diesem Buch bekommen Sie viele ganzheitlich orientierte Anregungen, die es dem Kind möglich machen, zu begreifen, zu entdecken und somit zu lernen. Die Impulse, wie die Fingerspiele oder kleine Bewegungsgeschichten, helfen Ihnen und den Kindern gemeinsam mit viel Freude das Ich und Du, das Wir, das Drinnen und Draußen zu entdecken.

Lernerfahrungen durch Finger- und Fußspiele

Jedes Kind liebt Finger- und Fußspiele, denn in ihnen stecken spannende kleine Geschichten, die zum Zuhören und Mitmachen einladen. Über die Spiele begegnen sich die Erzieherin und das Kind körperlich und emotional auf besondere Weise. Das Kind nimmt zusätzlich mit sich und seinem Körper Kontakt auf. Ohne viel Aufwand können Finger- und Fußspiele gespielt werden. Da diese Spiele auch am Wickeltisch, beim Zubettgehen oder nach der Trennung von der Mutter eingesetzt werden können, helfen sie dem Kind auf der sozial-emotionalen Ebene Trennung, Trauer, Heimweh oder Ängste zu überwinden und eine nahe Bindung zur Erzieherin zuzulassen. Auf der sprachlichen Ebene erweitern die Kinder durch den Text ihren Wortschatz im Hinblick auf Nomen, Verben oder auch Präpositionen. Sie nehmen die Sprachmelodie, den Sprachrhythmus und die Reimsprache wahr. Sie lernen Worte in Bewegung umzusetzen und erfahren viel über sich und ihren Körper, über die Umgebung, über Materialien, Handlungen und Abläufe.

Für eine vielfältige Körpererfahrung sollten Spiele, bei denen der Text es möglich macht, mit nackten Füßen erfahren werden. So wird die Ausbildung des taktilen und vestibulären Systems gestärkt. Aus dem Finger- oder Fußspiel kann schnell ein Mitmachspiel, ein Spurentext, ein Körperwahrnehmungsspiel oder ein Bewegungsangebot werden. Je intensiver und ganzheitlicher ein Impuls vom Kind erlebt wird, desto anhaltender und ausgeprägter ist die Lernfreude.

Tipp

Die Texte in diesem Buch zeichnen sich durch ihre Einfachheit, Kürze und ihre Sprach- und Bewegungswiederholungen aus. Somit ist stressfreies Erleben und freudiges Mitmachen garantiert. Längere Texte können um einzelne Strophen ohne Probleme gekürzt und dann Schritt für Schritt langsam erweitert werden. Spüren Sie sich darum in den Text hinein und beobachten Sie die Kinder genau, um einen passenden Impuls setzen zu können. Gemeinsam mit Ihren Kleinen können Sie entscheiden, wie, wann und was verändert werden soll.

Das Klarakonzept: Anleitung zur Entdeckungsreise

Lernerfahrungen durch ästhetische Impulse

Ästhetik befasst sich mit dem sinnlich Wahr-
nehmbaren und dem Schönen. Ästhetisches
Erfahren heißt, Eindrücke durch Fühlen,
Handeln und Denken zu verarbeiten.
Dazu wird mit dem Material, der Form
und der Farbe experimentiert. Dabei
ist nicht das Ergebnis wichtig, son-
dern die gemachte Erfahrung. Ästhe-
tische Erfahrungen wecken Achtsamkeit,
Aktivität, Emotionalität und Aufmerksamkeit. Sie unterstützen den Selbstbildungsprozess.
Durch ästhetische Erfahrungen werden die Kinder Entdecker,
Schöpfer und Erfinder. Die Auseinandersetzung mit Gegenständen und
Materialien gibt den Kindern die Möglichkeit, neue Erfahrungen zu machen.
Diese Erfahrungen hinterlassen Spuren nicht nur auf dem Material, sondern
auch in den Köpfen.
Mithilfe kleiner Text- oder Materialimpulse wird die Freude an der Kreativität geweckt. Die Kinder erfahren intensiv das Material, die Sprache und
den Körper. Sie machen sich selbst ein Bild von dem Schönen, indem sie mit
Materialien, Formen und Farben hantieren und Veränderungen wahrnehmen. Materialien wie Rasierschaum, Kleister, Fingerfarben, Knete, Steine,
Stöcke und vieles mehr fordern sie auf zu einer intensiven Auseinandersetzung. Das Spielen wird zum Lernen. Unterstützt von kleinen Versen tauchen
die Kleinen ein in die Welt des Schönen. Kinder unter drei Jahren mögen
ästhetische Erfahrungen. Daher sind in diesem Buch viele Text- und Mate-
rialideen aufgeführt, die die Freude an der Auseinandersetzung mit ästheti-
scher Wahrnehmung wecken.

Lernerfahrungen durch Impulse zur Körperwahrnehmung

Viele der Fingerspiele laden dazu ein, Worte spürbar zu machen. Gerade im
Tagesablauf mit den Kindern unter drei Jahren entstehen oft Situationen, in
denen die Kinder Nähe brauchen oder Ruhe erfahren wollen. Fingerspiele,
Verse, Lieder oder Teile aus einer Geschichte, die zu Körperwahrnehmungs-
spielen umgewandelt werden, beruhigen und lassen die Zuwendung durch

die Erzieherin zu. Auch bei diesen Impulsen nimmt die Sprachbildung wieder, so ganz nebenbei, einen zentralen Platz ein. Präpositionen und Verben werden nicht nur gehört, sondern gespürt und somit kann sich der Wortschatz fühlbar bilden. Körperspielgeschichten helfen bei der Bildung einer achtsamen Vertrautheit. Sie tragen zu einer respektvollen Bindung zwischen dem Erwachsenen und dem Kind bei. Die in diesem Buch angegebenen Impulse wie Fingerspiele, Lieder und Geschichten eignen sich für Spürerlebnisse. Sie sind in jedem Alter gefragt und in vielen Situationen einsetzbar.

Lernerfahrungen durch Bewegung und Musik

In den Angeboten finden sich eine Vielzahl von Bewegungsspielen, -liedern, Mitmachgeschichten und gesungenen Fingerspielen. Die Erzieherin kann die Lust an Musik und am Singen, die in jedem Kind angelegt ist, über einfache Melodien und Texte unterstützen. Gesang ist eine Kommunikationsform, die gerade die jungen Kinder sehr anspricht. Hören sie eine angenehme Stimme, ein Lied, eine Melodie, so schenken sie diesem Gehörten sofort ihre Aufmerksamkeit und der Kontakt zur Bezugsperson ist hergestellt. Unruhe, Anspannung, Unwohlsein, ja sogar Trauer und Tränen werden durch Gesang überwunden.

Alte Melodien und neue Texte erleichtern den Kindern das Erlernen und Umsetzen von Text und Bewegung. Das Wiederholen der Abläufe im Text ermöglicht es den Kindern, schnell aktiv mitzumachen. Der entspannte Abschluss der Bewegungs- und Spieltexte hilft den Kindern, nach einer Bewegungsphase zur Ruhe zu kommen. Gerade die Jüngsten brauchen den Wechsel zwischen Bewegung und Ruhe, um den Körper bewusster wahrnehmen zu können. Auch hier sollte die Gestaltung der Impulse immer den Bedürfnissen der Gruppe entsprechend angepasst werden, damit die Freude an der Aktivität im Vordergrund steht. Es gilt, die Impulse ganzheitlich zu setzen, um die Kinder über verschiedene Lernkanäle anzusprechen und zu begeistern.

In den Bewegungsliedern und auch -spielen geht es darum, Inhalte durch Bewegung zu erleben. Die Kinder setzen Gehörtes um und erleben so die Sprache als Motivationsimpuls für gelenkte Bewegung. Ihre akustische Konzentration wird geschult und sie lernen spielerisch Bewegungsanweisungen umzusetzen. In den Mitmachgeschichten werden sie zu einem Teil der Handlung. In diesem aktiven Prozess steht jedoch immer Leichtigkeit und Freude im Mittelpunkt. Es geht nicht in erster Linie um das korrekte Umsetzen der Bewegungsaufforderung.

In der Ruhephase am Ende der Aktivitäten können Sie eine kleine Stärkung wie Obst oder Gemüse anbieten, denn Bewegung macht hungrig. Die Kinder haben gleichzeitig eine Zwischenmalzeit, die auch durch gemeinsames Schmatzen, Lecken oder Kauen die Sprechwerkzeuge wie Zunge und Mundmuskulatur formt und stärkt.

Tipp

Lernerfahrungen durch Wiederholungen

Wiederholungen, die Sie im Text der Fingerspiele, Lieder, Geschichten und auch in den Abläufen finden, wurden meinerseits ganz bewusst für die Altersgruppe der unter Dreijährigen eingesetzt. Denn nur dadurch versteht und begreift das Kind. Es kann gestärkt aktiv werden. Nicht die Menge an Impulsen zeichnet die Lernerfahrung aus, sondern die Erlebnisintensität.

Einstiegsgeschichte erster Reisetag: Klara und ihre hübschen Kinder

Material Holzkiste, Klaramaus, Mäusekinder, grüne Decke

Vorbereitung Die Mäuse der Kinder werden von der Erzieherin erwärmt und am ersten Tag der Reise in der Holzkiste versteckt. Diese wird wieder mit dem Deckel verschlossen. Die Klaramaus liegt versteckt, aber griffbereit.

Einstieg Die Kinder setzen sich mit der Erzieherin um die Kiste. Gemeinsam singen sie eine Strophe des Begrüßungsliedes.

Wir kommen heut' zusammen

Begrüßungslied *(Melodie: „Ich bin eine Musikante", Text: Ingrid Biermann)*

Refrain

Wir kom-men heut' zu - sam-men und wol-len fröh-lich sein. Wir kom-men heut' zu - sam-men und wol-len fröh-lich sein.

1. Strophe

Wir wol-len sin - gen, wir wol-len sin - gen. Wir wol-len sin - gen, wir wol-len sin - gen. Komm, sing mit mir, komm, sing mit mir und sag laut: „Gu - ten Tag." Komm,

sing mit mir, komm, sing mit mir und sag laut: „Gu-ten Tag."

Wir können klatschen, wir können klatschen *(2x)*.
Komm, klatsch mit mir, komm, klatsch mit mir
und sag laut „Guten Tag" *(2x)*.

Wir können tanzen, wir können tanzen *(2x)*.
Komm, tanz mit mir, komm, tanz mit mir
und sag laut „Guten Tag" *(2x)*.

Wir können stampfen, wir können stampfen *(2x)*.
Komm stampf mit mir, komm stampf mit mir
und sag laut „Guten Tag" *(2x)*.

Wir können hüpfen, wir können hüpfen *(2x)*.
Komm hüpf mit mir, komm hüpf mit mir
und sag laut „Guten Tag" *(2x)*.

Je nach Interesse der Kinder können auch weitere Strophen gesungen und auch neu erfunden werden.

Tipp

Die Erzieherin öffnet nun den Deckel der Kiste. Jedes Kind wird eingeladen, in der Kiste zu wühlen, bis es eine kleine, warme Maus gefunden hat. Nun wird Klara vorgestellt, die viele kleine Mäusekinder hat. Die Erzieherin breitet eine grüne Decke aus, die symbolisch eine Wiese darstellen soll. Jedes Kind macht es sich mit einer warmen Maus auf der grünen Wiese bequem. Die Erzieherin holt die Klaramaus und erzählt den Kindern die erste Klarageschichte. Danach kann gemeinsam das Lied „Kleine Maus, komm, tanz mit mir" gesungen werden.

Anleitung

Klara ist wieder da. Sie hat in diesem Jahr das erste Mal viele klitzekleine Mäusekinder bekommen. Sie liegen warm eingekuschelt in ihrem Nest und haben noch kein Fell. Klara hat ihnen ein besonders weiches und warmes Nest aus Federn, Gräsern und Blättern gebaut. Hier liegen sie nun, ihre geliebten kleinen, müden Mäuse und schlafen. Wenn Klaras Kinder wach sind, haben sie immer ganz viel Hunger, dann gibt Klara ihnen ihre Milch.

Doch schon nach ein paar Tagen bekommen die Mäuse ein wunderschönes Fell und sind putzmunter. Klara zeigt ihnen nun jeden Tag viele neue Dinge. Sie erkundet mit ihnen jedes Zimmer in der Mäusewohnung und jede Ecke draußen auf der Wiese. Dann geht es hinaus auf die Wiese. Jeden Tag spielen und singen die kleinen Mäuse und lernen dabei ganz viel. Ihr alle *(dabei auf die Kinder zeigen)* sollt auch dabei sein. Ihr könnt nun jeden Tag mit Klara und den kleinen Mäusen singen, spielen und ganz viel Spaß haben. Die kleinen Mäuse begleiten euch jeden Tag und wollen mittags mit euch den Mittagsschlaf halten.

Kleine Maus, komm, tanz mit mir

Abschlusslied *(Melodie: „Brüderchen, komm, tanz mit mir", Text: Ingrid Biermann)*

Kleine Maus, komm, tanz mit mir,
tanzen möchte ich auch mit dir,
ach, wie schön, ach, wie schön,
mit dir durch den Tag zu geh'n,
ach, wie schön, ach, wie schön,
mit dir durch den Tag zu geh'n.

Das Begrüßungs- und Abschlusslied können an jedem folgenden Tag der Entdeckungsreise die Impulse einrahmen. Die Vorschläge für die weitere Tour können nach Ihren Vorstellungen und Ideen verändert werden. Sie können gemeinsam mit den Kindern die Reise mit oder auch ohne die genähten Mäuse, die Klaramaus oder die anderen Gestaltungsideen antreten. Wichtig ist, dass Sie von den Vorschlägen begeistert sind. Sie und die Kinder werden dann viel Freude an den Erlebnissen haben.

Tipp

Gestaltung der weiteren Reiseroute

In den nächsten Tagen oder Wochen gehen die Kinder gemeinsam mit der Erzieherin, mit Klara und den Mäusen auf Entdeckungsreise. Das Tempo dieser Erlebnisreise bestimmen die Kinder. Nehmen Sie der Reise die Geschwindigkeit und lassen Sie den Kindern genügend Zeit. Erleben Sie jedes Fingerspiel und jede Geschichte so intensiv wie möglich. Geben Sie den Kindern die Chance, die Reise mit allen Sinnen zu erfahren. Lassen Sie sie riechen, schmecken, fühlen, hören, sehen und sich zu allem, was in Bewegung umgesetzt werden kann, bewegen. Nicht die Menge und der tägliche Wechsel der Angebote bestimmen die Reisezeit, sondern die Intensität, mit der die Kinder die Reise erleben. Das Ende der Reise sollte erst dann erfolgen, wenn die Kinder Ihnen den Impuls dazu geben. Solange die Kinder mit Freude, Interesse und Neugierde dabei sind, geht die Reise weiter.

Tipp

Lassen Sie sich auf eine gemeinsame Entdeckungsreise ein. Wählen Sie aus der Vielfalt der angegebenen Impulse diejenigen aus, die die Kinder gerade für ihre eigenen Erfahrungen benötigen. Die Aufbauimpulse zu den Angeboten zeigen Ihnen, wie Sie ganzheitlich weitere Impulse setzen können.

Das Klarakonzept: Anleitung zur Entdeckungsreise

Die Entdeckung des Ich und Du

Das erste Spielzeug des Säuglings ist sein Körper. Schon im Mutterleib spielt es mit seinen Fingern und steckt auch da schon seinen Daumen in den Mund. Ab dem zweiten Monat schenkt das Kind seinem Körper die volle Aufmerksamkeit. Dabei entdeckt es intensiv seine Hände und Finger, dann auch die anderen Körperteile. Es steckt alles in den Mund und erspürt mithilfe der Zunge Materialbeschaffenheit, Temperatur, Geschmack und Konsistenz. Es sieht, hört, fühlt, riecht, schmeckt, greift und reagiert durch Bewegung. Über diese Auseinandersetzung entwickelt das Kleinkind Gefühle der Freude, der Angst und der Neugierde. Es lernt Objekte abzulehnen, anzunehmen oder noch intensiver zu untersuchen. Diese Phase bezeichnet man als die sensomotorische Spielphase.

Ab dem sechsten Monat beginnt die Experimentierphase. Mithilfe der wahrnehmenden Sinne, also mithilfe des ganzen Körpers und der Emotionen werden Objekte, Materialien oder die Umgebung erfahren. Erst wenn das Kind genaue Kenntnisse über sich selbst, seine Umgebung, die Objekte und Materialien hat, kann es sich sicher mit seiner Umgebung auseinandersetzen und sinnvoll reagieren. Diese Erfahrungen werden ein- und aussortiert, im Gehirn abgespeichert und sind jederzeit wieder abrufbar. Der Vorgang wird als sensorische Integration bezeichnet. Bei diesem Prozess entsteht eine enge Verbindung zwischen Wahrnehmen, Denken und Fühlen. Deshalb sind alle vom Kind selbst gemachten Erfahrungen etwa durch Krabbeln, Klettern, Schmieren, Fühlen und Befühlen wichtige Schritte, um sich ein Bild von der Welt zu machen. Durch genaues Beobachten kann die Bezugsperson dem Kind bei diesem Lernprozess Unterstützung anbieten, indem sie passende Bewegungs- und Spielideen sowie kreatives Material zur Verfügung stellt. So hat das Kind die Möglichkeit, seine vielfältigen Erfahrungen zu vertiefen. Die Freude am Spiel und an der Auseinandersetzung mit dem Impuls steht immer im Vordergrund.

Wenn das Kind sich im Spiegel betrachtet, nimmt es ganz erstaunliche Kontakte mit sich selbst auf. Es sieht Bewegungen, realisiert aber erst später, um wen es sich im Spiegel handelt. Für das Kind ist die Auseinandersetzung mit dem Gegenüber, seinem Spiegelbild, eine spannende und freudige Erfahrung. Hier zeigt es Ausdauer und viel Fantasie. Es beobachtet sich in seinen Bewegungen, seiner Gestik und Mimik. Es sucht nach engem Kontakt. Spiegel an den Wänden, auf dem Boden und unter der Decke erlauben es dem Kind, sich von allen Seiten zu bewundern. Die Spiegel fordern zum aktiven Erleben auf. Das Kind tritt mit sich in nonverbale und verbale Kommunikation. Das Spiel mit einem Spiegel erfordert ein hohes Maß an Körperspannung und fördert das propriozeptive und vestibuläre System. Das Kind erfährt Neues über seinen Körper mit Blick auf Lage, Haltung und Spannung. Somit dient der Spiegel als Entdeckungshilfe und unterstützt die Lernmotivation. Daher sollte der Gruppenraum mit einem großen Spiegel, einer Spiegelecke oder einer Spiegelwand zu Spiegelspielereien einladen. In diesem Buch finden Sie hierzu einige Ideen und Impulse.

Der Raum wirkt bekanntlich als dritter Erzieher und unterstützt die Eigentätigkeit der Kinder. Der Gruppenraum muss so vorbereitet werden, dass die Bedürfnisse des Kindes gestillt werden. Es muss Raum vorhanden sein für den Bewegungs- und Entdeckungsdrang, die Kreativitäts- und Experimentierfreude, die Lust auf Konstruktions-, Symbol- und Rollenspiele, aber auch Raum für Ruhe und Entspannung.

Einstiegsgeschichte:
Klaras Kinder entdecken einen Schatz

Material Spiegelkacheln, Holzkiste, Klara, Mäusekinder, Kissen, Decken, kleine Hocker

Vorbereitung Die Erzieherin leert das Füllmaterial aus der Holzkiste und bedeckt den Boden mit Spiegelkacheln. Danach schüttet sie das Füllmaterial (Raps, Erbsen oder Linsen) zurück in die Kiste. Diese wird in den Spielkreis gestellt. Die Erzieherin schafft eine gemütliche Atmosphäre, indem sie Kissen, Decken oder kleine Hocker um die Kiste gruppiert.

Einstieg Die Erzieherin setzt sich zusammen mit den kleinen Mäusen, Klara und den Kinder um die Holzkiste. Zuerst singen sie gemeinsam das Begrüßungslied „Wir kommen heut' zusammen" (siehe S. 20), danach erzählt die Erzieherin die Klarageschichte.

Geschichte An einem schönen Tag macht Klara mit ihren Kindern einen Spaziergang durch den Wald. Ihre kleinen Mäusekinder entdecken hier viele kleine Naturschätze. Als krönenden Abschluss erforschen sie die Gänge unter der Erde. Dort gibt es auch viel zu entdecken. Nach kurzer Zeit findet eine kleine Maus etwas ganz Besonderes: Sie erblickt einen platten Stein. Wenn man ihn anschaut, dann kann man sich selbst sehen. Die kleine Maus ist sehr erschrocken und ruft ganz laut nach Klara. Klara eilt herbei und die kleine Maus zeigt ihr den besonderen Stein. „Es ist ein Spiegel," sagt Klara, „schau hinein und du kannst dich sehen." Klara ruft die anderen kleinen Mäuse zusammen und zeigt ihnen den Spiegel. Alle sind begeistert und wollen auch einen Spiegelstein. Sie buddeln in der Erde und siehe da, jede Maus findet einen Spiegel. Sie betrachten sich und können an sich viel entdecken.

Die Erzieherin lädt die Kinder ein, mit ihren Händen das Füllmaterial (Raps, Erbsen oder Linsen) an die Seite zu schieben. Alle Kinder helfen mit und sehen den Spiegelboden. Nun werden Grimassenspiele gemacht. Je nach Alter spielen die Kinder mit oder auch ohne Anleitung. Möglich sind lachen, prusten, pusten, Zunge herausstrecken und wieder in dem Mund ziehen, die Lippen ablecken, den Mund breit oder spitz formen und vieles mehr.

Zum Abschluss stellen sich die Kinder vor einen großen Spiegel und singen das Lied „Mein Gesicht, es schaut mich an".

Mein Gesicht, es schaut mich an

Spiellied *(Melodie: „Brüderchen, komm, tanz mit mir", Text: Ingrid Biermann)*

Mein Gesicht, es schaut mich an,
schau, wie schön ich lachen kann
(die Kinder lachen sich an).
Ach, wie fein, ach, wie fein,
mein Gesicht ist hübsch und klein.

Für die weiteren Strophen können zum Beispiel folgende Verben eingesetzt werden, die die Kinder wieder mimisch umsetzen: schmollen, prusten, lecken, pusten.

Das bin ich: Spiegel-Spielereien

Die folgenden Spielimpulse fordern das Kind zur aktiven Auseinandersetzung mit sich selbst heraus, indem Spiegel verwendet werden. Die Kinder experimentieren mit sich und dem zur Verfügung gestellten Material.
Die Spiele haben einen gleichen bzw. ähnlichen Schlusssatz. Die Wiederholung signalisiert dem Kind das Ende des Spielimpulses. Es findet dadurch zur Ruhe und nimmt sich bewusst wahr.

Spiegelgesichter

Spielvers

Material	ein Spiegel für jedes Kind, Rasierschaum, Fingerfarbe, Öl oder Creme
Anleitung	Die Kinder arbeiten mit Rasierschaum, Fingerfarbe, Öl oder Creme. Sie hinterlassen Spuren auf dem Spiegel. Dazu kann der folgende Vers gesprochen werden. Der letzte Vers beendet das Spiel.
Vers	Hallo, hallo, wer bist denn du, schaust mir erstaunt beim Schmieren zu. Ich schau dich fröhlich an, schau her, was ich so kann.
Schluss	Meine Finger wollen ruh'n und für heute nichts mehr tun.

Pustebälle

bunte Wattebälle, Spiegel, der auf den Boden oder Tisch gelegt wird

Die Erzieherin legt viele bunte Wattebälle auf einen liegenden Spiegel. Während die Erzieherin den folgenden Vers spricht, pusten die Kinder die Wattebälle auf dem Spiegel hin und her, solange sie mögen. Der Schlusssatz beendet wieder das Spiegelspiel.

Pustebälle rollen leise auf dem Spiegel hin und her,
Pustebälle brauchen Wind, ja den mögen sie so sehr.

Pustebälle wollen ruh'n und für heute nichts mehr tun.

Material

Anleitung

Vers

Schluss

Spiegelkritzeleien

Spielvers

ein Spiegel für jedes Kind, weiche, dicke Wachsmalstifte

Die Kinder malen auf dem Spiegel, solange sie möchten. Die Erzieherin spricht während des Kreativangebots den folgenden Vers, den die Kinder bei der Wiederholung versuchen können, mitzusprechen. Den Impuls für das Ende der Aktion gibt die Erzieherin mit dem Schlusssatz.

Kritzel, kratzel hin und her,
ja, das mag der Stift so sehr.
Kritzel, kratzel hin und her,
Malen, das ist gar nicht schwer.

Kritzelstifte wollen ruh'n und für heute nichts mehr tun.

Material

Anleitung

Vers

Schluss

Rollbahn

Material bunte Plastikbälle (z. B. aus dem Ballbecken), ein großer Spiegel

Anleitung Die Erzieherin legt den Spiegel auf den Boden oder Tisch und platziert die Plastikbälle auf ihm. Die Kinder rollen die bunten Bälle, solange sie daran Freude haben. Während der Aktion wird gemeinsam der Vers gesprochen. Mit dem Schlusssatz wird das Spiel beendet.

Vers Rolle, rolle, rolle, rolle hin und her,
rolle, rolle, rolle, ja, das ist nicht schwer.

Schluss Alle Bälle wollen ruh'n und für heute nichts mehr tun.

Patschehände

Spielvers

Material Fingerfarben, Spiegel

Anleitung Es werden Fingerfarbenkleckse auf den Spiegel gemacht, während der Vers gesprochen wird. Die Kinder patschen mit ihren Händen auf die Farbkleckse. Dieses Spiel kann auch mit den Füßen durchgeführt werden. Die Farbaktion wird mit dem letzten Vers beendet.

Vers Pitsch und patsch, schnell hin und her,
das mögen meine Hände sehr.

Schluss Patschehände wollen ruh'n und für heute nichts mehr tun.

Lieder über Finger, Hände und Füße – Kinderleichte „Ich-Aktionen"

Die Erzieherin benötigt für diese gesungenen Finger- und Bewegungsspiele kein Material und keine besondere Vorbereitung. Die Kinder hören den Text, singen mit und führen die Handlungen aus. Die Spielanweisungen befinden sich in den Klammern im Text.

Sofern es der Text zulässt, können die Lieder auch mit nackten Füßen gespielt werden.

Tipp

Schau, meine Hände, die klatschen immerzu

Spiellied *(Melodie: „Hänsel und Gretel", Text: Ingrid Biermann)*

Schau, mei-ne Hän-de, die klat-schen im-mer-zu, schau, mei-ne

Hän-de, die ha-ben kei-ne Ruh'. Sie klat-schen und sie klat-schen, sind

mü-de, lie-gen still, weil je-der Fin-ger ein we-nig ru-hen will.

Die Hände können noch winken, klopfen, streicheln, putzen, kochen oder malen. Lassen Sie die Kinder überlegen, was die Finger und Hände alles können.

Variation

Barfußlied

Spiellied *(Melodie: „Hänsel und Gretel", Text: Ingrid Biermann)*

Schau, meine Füße, die gehen immerzu,
schau, meine Füße, die haben keine Ruh'.
Sie gehen und sie gehen, sind müde, stehen still,
weil jeder Zeh nun ein wenig ruhen will.

Variationen

Die Füße können noch laufen, stampfen oder trippeln. Lassen Sie die Kinder überlegen, was die Füße alles können. Das Lied kann auch zu einer Krabbelaktion werden.

Hände und Füße, die krabbeln immerzu,
Hände und Füße, die haben keine Ruh'.
Sie krabbeln und sie krabbeln, sind müde stehen still,
weil ich nun endlich ein wenig ruhen will.

Schau dir meine Füße an

Spiellied *(Melodie: „Brüderchen, komm, tanz mit mir", Text: Ingrid Biermann)*

Schau dir meine Füße an,
was ich damit machen kann.
Bum, bum, bum, bum, bum, bum
stampf mit ihnen froh herum *(2x)*.

Schau dir meine Hände an,
was ich damit machen kann.
Klopf, klopf, klopf, klopf, klopf, klopf,
hier und dort und auf dem Kopf *(2x)*.

Schau dir Fuß und Hände an,
was ich damit machen kann
Krabble hier, krabble dort,
ruh' mich aus an diesem Ort *(2x)*.

Hinweis

Zu den gesungen Strophen können die Kinder die entsprechenden Bewegungen gemeinsam mit der Erzieherin ausführen.

Das bin ich und das bist du: Fingerspiele zu Nase, Mund und Co.

Für die Fingerspiele ist kein Material und keine Vorbereitung notwendig. Die Spielanleitung ergibt sich meist aus dem Text oder ist in Klammern aufgeführt. Einige Fingerspiele können die Kinder zusammen mit und an einem Partner durchführen. Die Aufbauimpulse sollen der Erzieherin helfen, einen kreativen und für die Kinder passenden Weg zu einer ganzheitlichen Lernerfahrung zu finden.

Das ist der Daumen

Fingerspiel

Das ist der Daumen
(der Daumen einer Hand wird gezeigt),
schau dir einmal an,
was ich damit alles machen kann.
Mal hin und mal her, mal hin und mal her
(den Daumen hin und her bewegen).
Doch nun ist er müde und will gar nicht mehr
(den Daumen auf die geschlossene Hand legen).

Das sind die Daumen
(beide Daumen zeigen),
schau dir einmal an,
was ich damit alles machen kann
(beide Daumen bewegen).
Mal hin und mal her, mal hin und mal her,
doch nun sind sie müde und wollen nicht mehr
(beide Daumen auf die geschlossene Hand legen).

Die erste Strophe des Fingerspiels wird wiederholt und mit dem anderen Daumen gespielt.

Anleitung

Das bin ich und das bist du: Fingerspiele zu Nase, Mund und Co.

35

Schau dir meine Finger an

Fingerspiel

Schau dir meine Finger an
(die Finger einer Hand zeigen),
was ich damit machen kann.
Sie können zappeln und sich drehen
(die genannten Bewegungen werden gemacht),
sie zappeln schnell und bleiben stehen
(schnell zappeln und die Finger still halten).
Sie zappeln schnell und ruhen sich aus
(schnell zappeln und die Finger auf ein Körperteil
oder Gegenstand legen etwa Kopf, Bauch oder Tisch),
und zappeln dann ganz schnell nach Haus
(die Finger auf den Rücken legen).

Aufbauimpulse

- Die Erzieherin kann den Text mit den Fingern der anderen Hand spielen.
- Sie kann den Text mit beiden Händen spielen.
- Sie kann den Text als Körperwahrnehmungsspiel auf dem Körper des Kindes spielen.

Zehn Finger machen eine Reise

Fingerspiel

Zehn Finger machen eine Reise,
sie laufen schnell und ganz ganz leise
(die Bewegungen schnell in der Luft durchführen),
sie laufen über Stock und Stein
und wollen immer Freunde sein
(die Finger zusammenlegen).
Zehn Finger machen eine Reise,
sie laufen langsam und ganz leise
(die Bewegungen langsam durchführen),
sie laufen über Stock und Stein
und wollen immer Freunde sein
(die Finger zusammenlegen).

- Die Kinder gehen durch den Raum und suchen sich für das Fingerspiel verschiedene Spielorte. Sie spielen den Text zum Beispiel auf dem Fußboden, auf dem Tisch, an der Wand oder am Fenster. So machen sie wichtige unterschiedliche, haptische Erfahrungen.
- Das Fingerspiel kann als Körperspiel genutzt werden. Die Fingerbewegungen werden von dem Kind auf dem Körper durchgeführt. Je nach Alter macht die Bezugserzieherin dieses Spiel auf dem Körper des Kindes.

Zehn Finger liegen dicht an dicht

Fingerspiel

Zehn Finger liegen dicht an dicht
(die Finder der beiden Hände dicht aneinander legen),
sie liegen still und rühren sich nicht.
Doch kommt der Wind und bläst sie an
(die Finger anblasen),
fangen sie zu zappeln an.
Sie recken und sie schütteln sich
(die Bewegungen dem Text entsprechend durchführen).
drehen sich um und sehen mich (dich)
*(Hände umdrehen und die Handinnenflächen
anschauen).*
Nun laufen sie geschwind und munter,
fröhlich an mir (dir) rauf und runter
(selbst am Körper herauf und herunter laufen).
Jetzt sind sie müde, schlafen fein,
eng zusammen bei mir (dir) ein
*(die Hände liegen eng zusammen auf dem
Oberschenkel).*

Setzt die Erzieherin dieses Fingerspiel als Körperwahrnehmungsspiel ein, so verändern sich nur die Personalpronomen „mich" und „mir" zu „dich" und „dir", sie stehen jeweils in Klammern.

Das bin ich und das bist du: Fingerspiele zu Nase, Mund und Co.

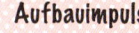

37

Mein Finger, der schaut ganz allein

Fingerspiel

Anleitung

Das Fingerspiel kann beliebig oft gespielt und fortgesetzt werden. Zu Anfang machen die Kinder mit ihrer Hand eine Faust und dann wandern sie mit dem Zeigefinger über den Körper. Über das Spiel werden die Körperteile kennengelernt. Die Schlussstrophe gibt das Ende der Aktion an.

Vers

Mein Finger, der schaut ganz allein
(der Zeigefinger schaut hin und her),
in die weite Welt hinein.
Er will nun auf die Reise gehen
(mit dem Finger über den Körper wandern)
und viele schöne Dinge sehen.
Er läuft und läuft geradeaus
(weiter über den Körper wandern),
ganz weit weg ist sein zu Haus.
Er läuft und läuft und bleibt dann stehen
(mit dem Finger auf einer Körperstelle stehen bleiben, z. B. auf der Nase),
er hat was Neues nun gesehen
(das Körperteil gemeinsam benennen).
Er läuft wieder geradeaus
(immer weiter mit dem Finger über den Körper laufen),
ganz weit weg ist sein Zuhaus.
Er läuft und läuft und bleibt dann stehen
(mit dem Finger auf einer Körperstelle stehen bleiben, z. B. auf dem Knie),
er hat was Neues nun gesehen
(das Körperteil gemeinsam benennen).

Die Entdeckung des Ich und Du

Jetzt ruht sich der Finger aus
(mit dem Finger auf einem beliebigen Körperteil stehen bleiben),
er ist ganz müd' und will nach Haus.
Langsam geht er Stück für Stück
(langsam über den Körper laufen)
in sein warmes Haus zurück
(eine Faust machen).
Dort liegt er still, ruht lange aus
(Faust auf den Oberschenkel legen)
und kommt erst morgen wieder raus.

Schluss

- Der Impuls kann mit dem Finger der anderen Hand noch einmal gespielt werden.
- Die Kinder erfahren mit dem Fingerspiel unterschiedliche Materialien und Gegenstände. Mit dem Text marschieren sie durch den Raum und bleiben dann mit dem Finger auf einem Gegenstand oder Material stehen (z. B. Fenster, Tür, Stuhl).
- Die Erzieherin kann das Fingerspiel als Körperwahrnehmungsspiel auf dem Körper des Kindes einsetzen.

Aufbauimpulse

Ohren, Nase, Mund

Fingerspiel

Zwei Kinder stehen voreinander, tippen zuerst auf ihre Körperteile und zeigen dann im jeweils letzten Vers der Strophe auf den Partner.

Anleitung

Ohren, Nase, Mund,
die Augen kugelrund,
das gehört zu mir und auch zu dir.

Finger, Hand und Zehen,
die Füße, um zu gehen,
das gehört zu mir und auch zu dir.

Kopf und einen Bauch,
Arme hab' ich auch,
das gehört zu mir und auch zu dir.

Vers

Das bin ich und das bist du: Fingerspiele zu Nase, Mund und Co.

39

Mit den Ohren kann ich hören

Anleitung

Zwei Kinder stehen voreinander und berühren die genannten Körperteile in der ersten Strophe an ihrem eigenen Körper, in der zweiten bei ihrem Partner und schließlich führen sie in den beiden letzten Strophen die Bewegungen gemeinsam aus.

Vers

Mit den Ohren kann ich hören,
mit den Augen kann ich sehen,
mit den Händen kann ich klatschen,
mit den Füßen kann ich gehen.

Mit den Ohren kannst du hören,
mit den Augen kannst du sehen,
mit den Händen kannst du klatschen,
mit den Füßen kannst du gehen.

Ich und du, wir können hören,
ich und du, wir können sehen,
ich und du, wir können klatschen,
ich und du, wir können gehen.

Ich und du, wir können springen,
ich und du, wir ruhen uns aus
(die Kinder gehen in die Hocke),
ich und du, ja, wir sind Freunde,
ich und du geh'n jetzt nach Haus
(die Kinder setzen sich).

Das machen wir:
Mitmachgeschichten zum Zappeln und Trappeln

Die folgenden Geschichten befassen sich in erster Linie wieder mit der Wahrnehmung des eigenen Körpers. Die Erzieherin sollte die Geschichten jeweils in einem ersten Durchgang ganz erzählen und mit den Bewegungen begleiten. Die Kinder schauen zu und werden dann zum Mitmachen eingeladen.

Es war einmal ...

Mitmachgeschichte

Die Geschichten können jeweils einzeln, aber auch hintereinander als Zweier- oder Dreiergeschichte erzählt und gespielt werden. Die immer wiederkehrende Anfangsformel „Es war einmal ..." weckt die Aufmerksamkeit der Kinder. Durch den ruhigen Schluss der einzelnen Geschichten kommen die Kinder zur Ruhe und nehmen sich wahr. In den Ruhephasen können sich die Kinder mit Obst oder Gemüse stärken.

Anleitung

Es waren einmal zwei müde Hände. Die lagen ganz ruhig da und wollten heute gar nichts tun *(Hände liegen still auf dem Tisch oder auf den Oberschenkeln)*. Doch da kam der Wind. Er pustete ganz fest. Einmal *(pusten)*, zweimal *(pusten)*, dreimal *(pusten)*. Das gab den Händen ganz viel Kraft. Sie zappelten *(zappeln)*, stellten sich auf *(Hände hochhalten)*, schauten umher *(Hände hin und her drehen)* und dann liefen sie den ganzen Tag hin und her *(mit den Händen am Körper oder auf Möbeln hin und her laufen)*. Erst am Abend waren sie müde. Sie suchten sich ein ruhiges Plätzchen und schliefen ein *(Hände auf den Rücken oder auf die Oberschenkel legen)*.

1. Geschichte

Es waren einmal zwei müde Füße. Die lagen ganz ruhig da und wollten gar nichts tun *(Füße liegen still)*. Doch da kam der Wind. Er pustete ganz fest. Einmal *(pusten)*, zweimal *(pusten)*, dreimal *(pusten)*. Das gab den Füßen ganz viel Kraft. Sie zappelten *(zappeln)*, stellten sich auf *(Fußspitzen auf den Boden aufstellen)*, schauten umher *(Füße hin und her bewegen)* und dann liefen sie den ganzen Tag hin und her *(die Kinder laufen herum)*. Erst am Abend waren sie müde. Sie suchten sich ein ruhiges Plätzchen und schliefen ein *(die Kinder setzen sich und die Füße liegen still)*.

2. Geschichte

Es waren einmal viele müde Kinder. Die lagen ganz ruhig da und wollten gar nichts tun *(Kinder liegen still auf dem Boden)*. Doch da kam der Wind *(Erzieherin geht herum und wedelt mit einer Fliegenklatsche am Kopf jedes Kindes)*. Einmal *(wedeln)*, zweimal *(wedeln)*, dreimal *(wedeln)*. Das gab den Kindern ganz viel Kraft. Sie zappelten *(Kinder zappeln)*, stellten sich auf *(Kinder stellen sich auf)*, schauten umher *(Kinder schauen umher)* und dann krabbelten sie den ganzen Tag hin und her *(Kinder krabbeln durch den Raum)*. Erst am Abend waren sie müde. Sie suchten sich ein ruhiges Plätzchen und schliefen ein *(Kinder legen sich ruhig hin)*.

Aufbauimpulse

- Die Hand- und Fußgeschichte kann in eine Spurengeschichte verwandelt werden. Dabei werden die Bewegungen mit unterschiedlichen Materialien wie Fingerfarben sichtbar gemacht.
- Die Geschichte von den müden Kindern kann auch als Körperspielgeschichte eingesetzt werden.

Zwei gute Freunde

Mitmachgeschichte

Es war einmal eine Hand *(eine Hand zeigen)*, die hatte 1–2–3–4–5 Finger *(die einzelnen Finger zeigen)*. Sie bewegte sich gern ganz langsam. Die Finger konnten langsam zappeln *(mit den Fingern zappeln)*, sich langsam hin und her drehen *(Hand hin und her bewegen)*, sie konnten langsam trippeln *(mit den Fingerspitzen über den Oberschenkel laufen)*, sie konnten langsam hüpfen *(mit der flachen Hand auf die Oberschenkel schlagen)*. Wenn sie müde waren, konnten sie aber auch ganz ruhig liegen *(die Hand auf den Oberschenkel legen)*.

Es war einmal eine andere Hand *(die andere Hand zeigen)*, die hatte auch 1–2–3–4–5 Finger *(die einzelnen Finger zeigen)*. Sie bewegte sich auch gerne ganz langsam. Sie konnte auch langsam zappeln *(mit den Fingern zappeln)*, sie konnte sich auch langsam hin und her drehen *(die Hand hin und her drehen)*, sie konnte auch langsam trippeln *(mit den Fingerspitzen über den Oberschenkel laufen)*, sie konnte auch langsam hüpfen *(mit der flachen Hand auf die Oberschenkel schlagen)*. Wenn sie müde war, konnte sie auch lange ganz ruhig liegen *(die Hand auf den Oberschenkel legen)*.

(Kurze Sprechpause) Nach einem langen Schlaf wurden die beiden Hände wach *(beide Hände bewegen)*. Sie sahen sich *(Hände zueinander drehen)*, und liefen langsam aufeinander zu *(Hände zusammenführen)*. Langsam und laut klatschend begrüßten sich die zwei guten Freunde *(klatschen)*.

Aufbauimpulse

- Der Text wird genutzt, um Spurenbilder zu erstellen.
- Der Text wird zum Körperwahrnehmungsspiel.
- Aus dem Text über die Hände kann auch ein Text über den Körper werden. Dieser Text kann auch wieder verändert werden: Aus den langsamen Bewegungen werden schnelle Bewegungen und aus dem Wort „langsam" wird das Wort „schnell".

Geschichte

Es war einmal ein Kind *(auf seinen Körper zeigen)*, das hatte Hände und Arme, Füße und Beine, einen Bauch, einen Rücken, einen Kopf *(Körperteile bewegen und zeigen)*, die sich gerne langsam bewegten *(den ganzen Körper bewegen)*. Das Kind konnte mit seinem Körper langsam zappeln *(zappeln)*, es konnte sich langsam hin und her drehen *(sich hin und her drehen)*, es konnte langsam trippeln *(trippeln)*, es konnte langsam hüpfen *(hüpfen)*. Wenn es müde war, konnte es auch ganz lange ruhig liegen *(Kinder legen sich ruhig hin, die Erzieherin weckt sie mit einer sanften Berührung)*.

Flinke Patschefinger

Mitmachgeschichte

für jedes Kind eine Schüssel mit warmem Wasser und ein Handtuch

Material

Die Kinder spielen die Geschichte mit ihren Händen im Wasser mit. Nach dem letzten Satz könnte die Geschichte beendet werden. Haben die Kinder noch Interesse, so kann diese Geschichte in mehreren Etappen (siehe Fortsetzung) bzw. nach den Ideen der Kinder und der Erzieherin mit viel Spaß fortgesetzt werden.

Anleitung

Es waren einmal flinke Patschefinger. Die spielten sehr gerne im Wasser. Dort im Wasser war es schön. Flink sprangen sie hinein *(mit den Händen ins Wasser springen)*. Hier zappelten sie umher *(Bewegungen mit den Fingern im Wasser machen)*. Sie tauchten bis auf den Boden und blieben dort liegen *(Hände auf den Boden der Schüssel legen)*.

Geschichte

1. Fortsetzung

Nach einer Pause sprangen sie wie der Blitz aus dem Wasser *(Hände schnell aus dem Wasser holen)*. Hu, hier war es kalt. Sie schüttelten sich *(Hände schütteln)* und dann sprangen sie schnell wieder hinein *(Hände ins Wasser tauchen)*. Hier zappelten sie wieder flink umher *(Bewegungen mit den Fingern im Wasser machen)*. Sie tauchten bis auf den Boden und blieben dort liegen *(Hände auf den Boden der Schüssel legen)*.

2. Fortsetzung

Nach einer Pause sprangen sie wie ein Blitz wieder aus dem Wasser *(Hände schnell aus dem Wasser holen)*. Sie schüttelten sich *(Hände schütteln)*, sprangen wieder ins Wasser, tauchten unter, blieben auf dem Boden liegen, sprangen wie ein Blitz aus dem Wasser, tauchten … *(die Bewegungen können nun so oft, wie die Kinder Spaß haben, wiederholt werden)*.

Schluss

Doch dann waren sie müde. Sie trockneten sich ab *(Hände abtrocknen)* und legten sich schlafen *(Hände auf die Oberschenkel legen)*.

Variation

Diese Mitmachgeschichte kann auch mit den Füßen gespielt werden. Dann werden die Patschefinger zu Patschefüßen. Die Kinder sitzen dazu auf einem Hocker und vor ihnen steht eine Schüssel mit warmem Wasser.

Aufbauimpulse

- Verwendet man unterschiedlich gefärbtes Wasser, verschwinden die Körperteile der Kinder, sobald sie sie in das Wasser tauchen.
- Die Geschichte lädt zu Wasserexperimenten ein: Was schwimmt und was geht unter? Die Kinder holen verschiedene Gegenstände und experimentieren damit.
- Die Erfahrungen mit dem Wasser können weitergeführt werden mit dem Spiel „Blind fischen". Dabei wird in verschiedenen Schüsseln Wasser mit Wasserfarbe gefärbt und so undurchsichtig gemacht. Nun werfen die Kinder Dinge hinein, die untergehen. Sie fischen sie mit ihren Händen wieder heraus. Als Schöpfhilfe können aber auch Siebe, Becher oder Löffel verwendet werden.

Die Entdeckung des Ich und Du

Der Ausflug der Krabbelkinder

Bewegungsgeschichte

Hocker, Stühle, Tische oder Ähnliches, grüne Decke, Fliegenklatsche

Material

Aus Hockern, Stühlen, Tischen und anderen, unterschiedlichen Materialien wird eine Krabbellandschaft gebaut. In einer Ecke liegt eine grüne Decke.

Vorbereitung

Die Kinder setzen sich (mit oder ohne ihre kleinen Mäuse) auf die grüne Decke und lauschen der folgenden Geschichte. Beim zweiten Erzählen setzen die Kinder die in Großbuchstaben geschriebenen Worte in Bewegung um. Die Erzieherin hält eine Fliegenklatsche für die Windaktivität bereit. Die Geschichte kann bereits nach dem ersten Teil beendet werden, je nach Interesse.

Einstieg

Es waren einmal viele kleine Krabbelkinder. Sie lagen friedlich in ihren Betten und schliefen *(die Kinder liegen auf der Decke)*. Am Morgen wurden sie vom Wind geweckt *(die Erzieherin wedelt jedem Kind mit einer Fliegenklatsche Luft zu)*. Die Krabbelkinder schauten nach draußen und sahen die Sonne. Bei so einem schönen Wetter wollten sie einen Ausflug machen. Die Krabbelkinder RECKTEN und STRECKTEN sich. Dann machten sie sich auf den Weg. Sie KRABBELTEN vergnügt über Stock und Stein, über Wiesen und Wege und konnten auf ihrer Reise viel entdecken.

Geschichte

Immer wieder entdeckten sie neue spannende Krabbelwege. Sie KRABBEL-TEN durch enge Gänge und über hohe Mauern. In der feuchten Erde hinterließen sie ihre Spuren. Sie hatten dabei viel Spaß und KRABBELTEN überall herum *(die Kinder können nun frei krabbeln)*. Erst nach vielen Stunden merkten die Krabbelkinder, dass sie Hunger hatten und sehr müde waren. Sie GÄHNTEN und KRABBELTEN schnell nach Hause. Dort legten sie sich schlafen *(die Kinder legen sich auf die grüne Decke und ruhen sich aus)*. Nach einem erholsamen Schlaf wurden sie wieder vom Wind geweckt *(die Erzieherin wedelt wieder mit der Fliegenklatsche)*. Jedes Krabbelkind konnte von seinen Erlebnissen berichten.

- Die Erzieherin kann in der Gruppe, im Bewegungsraum, auf dem Flur oder auch auf der Wiese aus einer Vielfalt von Materialien Krabbelwege gestalten (z. B. mit unterschiedlichen Fußmatten, Fliesen, feuchten und trockenen Tüchern, warmen Wärmflaschen, flauschigen Kissen, Folien, Mülltüten oder flauschigen Teppichböden).

Aufbauimpulse

- Interessant für die Kinder sind auch Krabbeltunnel oder Höhlen, die in der Gruppe, im Bewegungsraum oder auf dem Flur mithilfe von unterschiedlichen Kartons, Hockern und Stoffschläuchen gebaut werden.
- Die Geschichte kann als Spurengeschichte genutzt werden. Indem man Rasierschaum oder Fingerfarbe einsetzt, können die Krabbelkinder mit Händen und Füßen Spuren hinterlassen.
- Die Geschichte kann als Körperspielgeschichte auf dem Rücken gespürt werden.

Familie Trampel

Mitmachgeschichte

Die Kinder werden eingeladen, sobald sie das Wort „Trampel" hören, mit der Erzieherin zu trampeln.

Es war einmal eine Familie. Sie hieß TRAMPEL. Es war eine Familie mit vielen kleinen Kindern. Sie gingen mit ihrer Mama jeden Tag auf den Spielplatz. Dort spielten sie im Sand, matschten, sammelten Blätter, Steine und Stöcke. Am Abend ging Frau TRAMPEL mit ihren Kindern nach Hause. Müde legten sich die Kinder schlafen. Auch Frau TRAMPEL war müde und ging ins Bett. Nun war es still im Haus der Familie TRAMPEL, denn alle schliefen und träumten.

- Die Erzieherin kann sandige Trampelpfade gestalten, indem sie nassen und trockenen Sand in flache Kisten, etwa alte Schubladen, füllt. Die Kinder spielen mit Händen und Füßen darin.
- Die Kinder können Schätze in den Sandkisten finden.
- In den Sandkisten können die Kinder mit Stöcken, Fingern, Kämmen und anderen Gegenständen Spuren hinterlassen.

Herr und Frau Hüpf

Mitmachgeschichte

Die Kinder werden eingeladen, immer wenn sie das Wort „hüpf" hören, einmal hoch in die Luft zu springen.

Die Entdeckung des Ich und Du

Es war einmal ein netter Mann. Er hieß Herr HÜPF. Er hatte eine nette Frau. Sie hieß Frau HÜPF. Jeden Sonntag gingen Herr HÜPF und Frau HÜPF mit ihrem Hund in den Wald. Dort sahen sie viele Tiere und sie sammelten viele Waldschätze. Erst wenn es dunkel wurde, gingen Herr HÜPF und Frau HÜPF mit ihrem Hund nach Hause. Müde gingen Herr HÜPF, Frau HÜPF und der Hund schlafen.

Geschichte

- Die Erzieherin kann eine Waldschatzkiste bauen. Die Kiste wird mit zwei unterschiedlichen Arten von Zapfen befüllt, zum Beispiel Tanne und Kiefer. Beim Spielen und Erzählen lernen die Kinder, die Zapfen richtig zu benennen.
- In einer Waldfühlkiste können die Kinder Erfahrungen mit Moos, Blättern und Gräsern sammeln.
- Es können natürliche Hölzer zum Spielen zur Verfügung gestellt werden: dünne und dicke, größere und kleine Äste und Zweige.
- Man kann aus der Geschichte eine Bewegungsgeschichte entwickeln, indem die Kinder die genannten Tiere nachahmen.

Aufbauimpulse

Ich und du

Rateverse

Zwei Kinder stellen sich zusammen. Wird das Pronomen „ich" genannt, zeigen die Kinder auf sich selbst, bei „du" auf den Spielpartner. Beim ersten Ratevers macht die Erzieherin ein Geräusch vor, etwa ein Tier- oder Fahrzeuggeräusch, oder spielt ein Instrument. Beim zweiten Ratevers zeigt die Erzieherin einen Gegenstand, etwa einen Ball. Die Kinder benennen das Gesehene oder Gehörte. Das Rätsel kann beliebig oft wiederholt werden, je nach Interesse der Kinder.
Dieses Spiel kann draußen auf der Wiese oder bei einem Spaziergang mit Naturmaterialien und Naturgeräuschen, Straßengeräuschen sowie Dingen aus der Umgebung gespielt werden.

Anleitung

Du und ich, ich und du,
ich und du, wir hören nun gut zu.

Du und ich, ich und du,
ich und du, wir schauen nun gut zu.

1. Ratevers

2. Ratevers

Kreativspiele: Kunst und Körper

Die Auseinandersetzung mit sich selbst und dem Spielpartner kann auch durch ästhetische Impulse vertieft werden. Bei den Körpererinnerungen etwa entwickeln die Kinder ein Verständnis für den Wandel ihres Körpers über einen Zeitraum. Sie erfahren auch, wie sich Dinge durch den Einsatz von Farbe verändern.

Der Körper als Leinwand

Kreative Körpererfahrung

Material

Fingerfarbe oder Rasierschaum, ggf. Pinsel, CD-Spieler und CD mit klassischer Musik

Anleitung

Mit Unterstützung von klassischer Musik bemalen die Kinder sich selbst und gegenseitig mit dem Finger oder einem Pinsel. Sie können ihre Beine, Arme und den Bauch mit Rasierschaum oder Fingerfarbe bemalen. Der Vers kann zu Beginn gespielt oder gesprochen werden.

Vers

Mein Finger (Pinsel), der geht hin und her,
auf und ab das ist nicht schwer,
rundherum geht er geschwind,
ich (du) bin (bist) ein buntes Farbenkind.

Kreative Körpererinnerungen

Wachstumsbilder

Gips oder Stoffmalfarbe, Handtücher, Taschentücher, Jutetaschen oder T-Shirt
Material

Die Größe und Hände der Kinder werden jedes Jahr festgehalten, indem Gipsabdrücke oder mit Stoffmalfarbe Abdrücke auf Handtüchern, Taschentüchern, Jutetaschen oder T-Shirts erstellt werden. Diese Dinge werden aufbewahrt und am Ende der Kindergartenzeit den Kindern zur Erinnerung mitgegeben. Bei der Stoffmalvariante haben Kinder und Eltern eine Erinnerung, die sie auch im Alltag einsetzen können.
Anleitung

Riesenbild

Tapetenrolle, Farbstifte
Material

Das Kind legt sich auf eine ausgebreitete Tapetenrolle und seine Umrisse werden von der Erzieherin gezeichnet. Danach wird der Umriss in Lebensgröße ausgeschnitten. Entweder malt die Erzieherin oder auch das Kind, wenn es alt genug ist, das Gesicht mit Augen, Nase und Mund.
Anleitung

Auch hier bietet es sich an, jeweils beim Eintritt in den Kindergarten, am Geburtstag und beim Verlassen der Kleinkindgruppe ein solches Riesenbild anzufertigen. Am Ende der Kindergartenzeit erhalten die Kinder und Eltern diese Körperkunst und können sehen und auch nachprüfen, wie ihr Kind gewachsen ist.

Die Tupfenzwerge

Mitmachgeschichte

Tapetenpapier, Klebeband, rote und blaue ungiftige Fingerfarbe, CD-Player, klassische Musik, für jedes Kind zwei runde Badeschwämme, viele Hand- und Badetücher, Badekleidung

Die Kinder nehmen sich die Badeschwämme und experimentieren damit in der Badewanne, im Waschraum oder im Planschbecken im Freien. Anschließend erzählt die Erzieherin die Geschichte und tupft dabei immer mal wieder ein Kind mit dem Badeschwamm an.

Es waren einmal viele Tupfenzwerge. Die hinterließen überall, wo sie waren ihre Tupfenspuren. Auf den Straßen, auf den Wegen, auf den Wiesen, überall sah man rote und blaue Tupfen. Sie waren groß, klein, dick und auch dünn. Die kleinen Tupfenzwerge trafen sich jeden Abend auf dem großen Platz vor der Kirche. Dort versammelten sich auch die Vögel. Sie sangen ihr Abendlied und die Tupfenzwerge tanzten nach der Vogelmelodie. Dabei hinterließen sie ihre bunten Spuren. Erst am Abend, als die Vögel sich schlafen legten, hüpften auch die Tupfenzwerge nach Hause und legten sich schlafen. Zurück blieben die Tupfenspuren.

Die Kinder bekommen zwei Badeschwämme und können sich zur Musik selbst eine Tupfenmassage schenken oder ein anderes Kind damit erfreuen. Sie werden eingeladen, mit Farbe und Musik Tupfenbilder zu erstellen. Sie können gemeinsam ein großes Papier mit blauer und roter Farbe betupfen.

Die Kinder können wie die Tupfenzwerge zur Musik barfuß über die Tapetenstraßen hüpfen und ihre Farbspuren hinterlassen.

Die Entdeckung des Ich und Du

Die neue Umgebung entdecken

Aus dem geschützten Gruppenraum geht es nun in andere Räume des Hauses. Um sicher und angstfrei zu werden, muss das Kind Schritt für Schritt die neue Umgebung mit Unterstützung der Erzieherin entdecken, erleben und begreifen lernen. Daher ist es für die Erzieherin wichtig, das Kind behutsam an die Hand zu nehmen, ihm Zeit zu lassen, ihm die Möglichkeit zum Verweilen und zum Wiederholen zu geben. Erfahrungen müssen vom Kind geordnet und sortiert werden, um einen positiven Nutzen daraus zu ziehen. Zusammen mit der Erzieherin als Begleiterin haben die Kinder in einer kleinen Gruppe von Gleichaltrigen die Möglichkeit, eigene Erfahrungen zu machen und langsam die neuen Eindrücke zu verarbeiten.

Die übrigen Räume der Kindertagesstätte wie der Schlafraum, der Waschraum und die Küche werden in der nächsten Zeit durch kleine Impulse zu einem spannenden Spiel-, Erfahrungs- und Lernfeld. Klara und ihre Mäuse führen jeweils mit einer Einstiegsgeschichte in den Schlafraum, den Waschraum und die Küche ein. Für jeden Raum wird zusätzlich eine Symbolfigur als Begleitung eingesetzt, nämlich der Kuschel-, der Bade- und der Küchenzwerg.

Die Spielimpulse für die verschiedenen Bereiche eignen sich für eintägige Aktionen, aber auch für längere Angebote, bei denen die Räume zu Entdeckungsorten werden. Impulse aus dem Wasch- oder Küchenbereich können ebenso in den Gruppenräumen durchgeführt werden. Eine Wanne mit Wasser oder Küchengeräte aus der Küche sind schnell in den Gruppenraum gebracht, um dann dort erfahren zu werden.

Tipp

Die Vers-, Lied- oder Geschichtenimpulse sind für Kinder zwischen zwei und drei Jahren angegeben. Jedoch können auch jüngere Kinder diese wunderbaren Erfahrungen machen. Hier steht dann das Experimentieren mit dem Material im Mittelpunkt und der Text wird entsprechend gekürzt, verändert oder sogar ganz weggelassen. Beobachten Sie die Kinder und Sie werden spüren, wann Sie welchen Text einsetzen wollen.

Einstiegsgeschichte Schlafraum:
Klara und ihre Kuschelmäuse

Für viele Kinder ist es neu und auch sehr schwer an einem anderen Ort zu schlafen. Zu Hause haben sie ihr Bett, ihr Bettzeug, ihr Kuscheltier und ihr Einschlafritual. In der Kindertagesstätte ist alles anders. Daher ist es wichtig, dass jedes Kind behutsam in den neuen Schlafbereich eingeführt wird. Die Erzieherin muss den Kindern die Angst vor und die Unsicherheit in diesem neuen Raum nehmen. Sie sollte auch außerhalb der Schlafzeit hin und wieder mit ihnen in diesen Raum gehen. Kuscheln, kleine Massagen oder das Erzählen von Geschichten helfen bei der Raumorientierung. Auch ruhige Spiele bieten sich an, es sollte jedoch nicht getobt, gesprungen und ausgelassen gespielt werden. Der Raum sollte von Anfang an Ruhe ausstrahlen, damit er später auch zum Schlaf- und Erholungsraum wird. Mit den folgenden Impulsen kann die Erzieherin die Kinder behutsam in ihr neues Schlafreich begleiten.

Die Kinder schlafen stressfreier ein, wenn sie einen Raum mit liebevoll gestalteter Atmosphäre vorfinden. Dazu bieten sich einfarbige, pastellige Kissen, Tüchern und Decken an. Sinnvoll ist auch eine Lampe, bei der das Licht reguliert werden kann. So kann man eine angenehme Atmosphäre schaffen, auch wenn der Schlafraum vorher ein Turnraum war.

Material

Klara, ein Kuscheltier für jedes Kind, Holzkiste, CD-Spieler und Entspannungsmusik (z. B. „Harmonie" von Arndt Stein)

Einstieg

Die Erzieherin legt in die Holzkiste für jedes Kind ein Kuscheltier. Der Schlafraum wird gemütlich vorbereitet und die Kinder machen es sich dort bequem. Gemeinsam wird das Begrüßungslied „Wir kommen heut' zusammen" (siehe S. 20) gesungen und die Erzieherin erzählt mit Klara und ihren Kindern eine kuschelige Klarageschichte.

Geschichte

Klaras Kinder schlafen in kuscheligen Betten, mit kuscheligen Kissen und kuscheligen Tüchern. Jede Maus hat in ihrem Bett ein Kuscheltier, mit dem es einschläft. Jeden Abend streichelt Klara die kleinen Mäuse und erzählt ihnen dabei schöne Streichelgeschichten von krabbelnden Käfern, der warmen Sonne, hüpfenden Fröschen oder den winzigen Regentropfen. Klaras Kinder schlafen dann immer ganz schnell ein und nachts träumen sie von den krabbelnden Käfern, der warmen Sonne, den hüpfenden Fröschen oder den winzigen Regentropfen. Klara denkt sich jeden Abend eine neue Geschichte aus und darauf freuen sich die Mäuse jeden Abend.

Schluss

Die Kinder durchsuchen die Kiste und finden ein Kuscheltier, das sie in den Schlafraum bringen und mit dem sie sich für eine kurze Zeit in ihr Bett legen können. Entspannungsmusik begleitet diese Ruhephase.

Hinweis

Es bietet sich an, den Kindern als Einschlafritual immer dieselbe bekannte Musik vorzuspielen.

Geschichten, Verse und Lieder zum Ruhen

Gerade für die Kinder unter drei Jahren sind die Ruhephasen noch von sehr großer Bedeutung. Sind die Kinder bettfertig, so legen sie sich mit ihrer kleinen warmen Schlafmaus in ihr Bett. Die Erzieherin dunkelt den Raum leicht ab, schaltet möglicherweise noch ein Schlaflicht an und lädt die Kinder zu Traumgeschichten mit Klara ein.

Die folgenden Geschichten, Verse und Lieder eignen sich natürlich auch dazu, ohne Bewegungen zum Einschlafen erzählt und gesungen zu werden. Bei den Körperspielgeschichten in diesem Kapitel werden die Bewegungen mit den Fingern oder kleinen Hilfsgeräten wie Stöckchen, Holzlöffeln, Tüchern, Fliegenklatschen oder Wärmesäckchen (Sonnenkissen) auf dem Rücken der Kinder durchgeführt. Die Texte können mehrmals gesprochen und gespielt werden. Schlafen mehrere Kinder in einem Raum, so sollte eine weitere Erzieherin dieses Einschlafritual unterstützen. Ein Kuschelzwerg kann mit seinen Geschichten als Symbolfigur neben der Klara den Schlafraum zum Erlebnisraum werden lassen.

Die Geschichte vom Kuschelzwerg

Klarageschichte

Klara, Mäusekinder, Kuschelzwerg, Holzkiste gefüllt mit Holzrollen, Igelbälle, Massagebürsten, grüne Decke, CD-Spieler und Entspannungsmusik

Material

Die Erzieherin geht mit den Kindern in den Schlafraum. In der Mitte steht die Holzkiste. Die Erzieherin breitet die grüne Decke aus und gibt den Kindern ihre warmen Mäuse. Gemeinsam singen sie ihr Begrüßungslied. Dann erzählt die Erzieherin mit Klara und dem Kuschelzwerg die nächste Klarageschichte.

Einstieg

Klara hat viele Freunde und einer davon ist der Kuschelzwerg. Er hat in seinem Haus eine gemütliche Kuschelhöhle. Wenn Klaras Kinder kuscheln wollen, dann besuchen sie den Kuschelzwerg. In seiner Kuschelhöhle steht eine große Kiste, in der sind kleine Holzrollen, kleine Igelbälle und kleine

Geschichte

Bürsten, mit denen sie sich gegenseitig den Rücken massieren können. Klaras Kinder mögen solche Spiele und deshalb gehen sie ganz oft zu ihrem Kuschelzwerg. Gegenseitig rollen sie sich den Rücken ab, massieren sich die Arme und Beine und manchmal liegen sie auch ganz still. Dann massiert Klara sie und der Zwerg hilft dabei. Schon nach einer kurzen Zeit schlafen die kleinen Mäuse friedlich ein.

Schluss

Die Kinder können sich nun eine Massage mit den Materialien aus der Kiste geben lassen bzw. sich gegenseitig geben. Diese Entspannungsphase wird durch die ruhige Musik im Hintergrund unterstützt.

Tipp

In der Babyabteilung der Kaufhäuser gibt es für die Kleinsten weiche Kuschelfiguren. Dort finden Sie bestimmt auch einen Zwerg, der die Kinder bei dieser Geschichte begleiten kann (z. B. Sandmännchen).

Klara und die Sternenfee

Klara-Einschlafgeschichte

Material

Klara, Mäusekinder, ein weiches Chiffontuch, CD-Spieler und CD mit ruhiger Einschlafmusik (instrumentale Entspannungsmusik ihrer Wahl)

Geschichte

Eines Abends, als Klaras Kinder wie immer in ihrem kuschligen Nest liegen, sehen sie, wie durch ein kleines Erdloch ein großer leuchtender Stern in ihr Schlafzimmer scheint. Er ist so hell wie die Sonne und er glänzt auch wie eine Sonne. Mit einem Mal hören die kleinen Mäuse, wie der Stern zu ihnen spricht. Eine leise Stimme sagt zu den Mäusen: „Guten Abend, ich bin die Sternenfee. Ich komme vom Sternenhimmel und schenke euch heute einen wunderbaren Traum. Schließt eure Augen und ich berühre sie ganz sanft mit meinem Traumtuch." Die kleinen Mäuse schließen ihre Augen und spüren wie das Traumtuch sanft über ihre Augen streift. Es dauert gar nicht lange, da hört Klara ihre kleinen Mäuse leise schnarchen. Sie schlafen und träumen. So leise, wie die Fee gekommen ist, so verschwindet sie auch wieder durch das kleine Erdloch. Zurück bleibt eine Traummusik. Auch Klara ist müde, auch sie will schlafen und träumen.

Schluss

Die Erzieherin streift sanft mit dem Chiffontuch über die Augen der Kinder. Sie schaltet eine ruhige Musik zum Einschlafen ein.

Klara und die Traumfeder

Klara-Einschlafgeschichte

Material

Klara, Mäusekinder, eine Feder, CD-Spieler und CD mit bekannter Einschlafmusik

Geschichte

Eines Abends, als Klara ihre Kinder in ihr Nest bringt, sieht sie, wie durch das offene Fenster viele kleine bunte Federn fliegen. Sie bleiben auf dem kuschligen Nest der kleinen Mäuse liegen. Als die Mäuse kommen, um schlafen zu gehen, sind sie ganz erstaunt. Auf der Einschlafstelle jedes Mäuschens im Nest liegt eine Feder. Neugierig halten die Kinder die Federn in der Hand. Sie sind wunderschön weich. Auch Klara hat eine Feder. Sie hält sie ans Ohr und hört mit einem Mal, wie sie sprechen kann. Klaras Kinder halten die Feder auch an ihr Ohr. Sie hören, wie sie zu ihnen sagt: „Ich bin die Traumfeder. Ich kann Traumgeschichten erzählen. Leg dich in dein Nest, kuschle dich schön ein, schließ die Augen und lausche meiner wunderschönen Einschlafgeschichte." Die kleinen Mäuse legen sich sofort hin, schließen die Augen, ja und dann schlafen sie, mit der Feder in der Hand auch schon ein. Klara geht noch einmal zu jedem ihrer Kinder, berührt ihre Kleinen mit ihrer Feder. Liebliche Musik begleitet die Mäusekinder in ihre Träume.

Schluss

Die Erzieherin geht zu jedem Bett, berührt jedes Kind. Die bekannte Einschlafmusik hilft beim Schlafen und Träumen.

Klara und der Traumzwerg

Klara-Einschlafgeschichte

Material

Klara, Mäusekinder, Traumzwerg, eine Klangschale

Geschichte

Eines Abends, als die Kleinen gerade schlafen gehen wollen, bekommen sie Besuch. Es ist ihr Freund der Traumzwerg, der heute mit einem Geschenk zu ihnen kommt. In der Hand hält er eine wunderschöne Schale. Die kleinen Mäuse sind sehr neugierig und der Zwerg sagt: „Dies ist eine Traumschale. Wenn ich sie leicht anschlage, so hört ihr einen wunderbaren Klang. Dieser Klang schenkt euch einen wunderschönen Traum. Legt euch in euer Nest, schließt die Augen und ich werde die Traumschale zum Klingen bringen." Schnell legen sich die kleinen Mäuse ins Bett. Sie schließen die Augen und der Zwerg schlägt die Traumschale an. Ein wunderbarer Klang breitet sich in ihrer Höhle aus und macht die kleinen Mäuse ganz müde *(die Erzieherin schlägt die Klangschale leicht an)*. Immer wieder schlägt der Zwerg an die Traumschale *(die Erzieherin schlägt in kurzen Abständen an die Schale)* und die kleinen Mäuse werden immer müder. Mit einem Mal sind sie eingeschlafen. Der Zwerg verabschiedet sich von Klara und schenkt ihr die Traumschale. Mit dieser begleitet sie noch ein wenig die Kleinen in ihren Schlaf.

Die Schlafmaus

Einschlafvers

Material

Mäusekinder, CD-Spieler und Entspannungsmusik

Anleitung

Die Erzieherin erwärmt die Mäusekinder vor diesem Angebot. Bei jedem Kind spricht sie den Vers und legt das Mäuschen passend zum Text auf dessen Körperteile. Bei Bedarf kann die vertraute Einschlafmusik eingespielt werden.

Vers

Die Schlafmaus liegt auf deinem Bauch,
auf deinen Beinen liegt sie auch,
auf deinen Armen liegt sie still,
weil sie mit dir nun ruhen will.
Nimm sie und schlafe mit ihr ein,
sie will mit dir zusammen sein.

Ein kleiner Käfer

Körperspielgeschichte

Ein kleiner Käfer, der macht leise
    (mit zwei Fingern über den Rücken laufen),
        auf deinem Rücken eine Reise,
            er läuft ganz langsam hin und her,
            der kleine Käfer mag dich sehr.
            Er läuft ganz langsam, steht dann still,
            weil er weiter fliegen will.

Ein Regenwurm

Körperspielgeschichte

Ein Regenwurm, der kriecht ganz sacht
(mit einem Stöckchen über den Rücken ziehen),
auf deinem Rücken, gib gut acht,
du spürst ihn hier und da und dort,
der Regenwurm, der kriecht nun fort.

Regentropfen

Körperspielgeschichte

Viele kleine Regentropfen
(mit zwei dünnen Stöckchen über den Rücken hüpfen),
die auf deinem Rücken klopfen,
spürst du hier und da und dort,
der Wind, er pustet sie dann fort
(mit einer Fliegenklatsche kurz über den Rücken wedeln).

Der Wind

Körperspielgeschichte

Der Wind, er weht ganz leicht und sacht
(mit einem Tuch über den Rücken ziehen),
er hat dir Frische mitgebracht.
Er berührt dich hier und dort
und dann fliegt er leise fort.

Die Sonne

Körperspielgeschichte

Auf deinem Rücken hier und dort
(mit einem warmen Säckchen punktuell den Rücken berühren),
sucht sich die Sonne ihren Ort,
sie schenkt dir Wärme, schenkt dir Ruh',
mach nun deine Augen zu.

Wenn ich in mein Bettchen gehe

Einschlaflied *(Melodie: „Wenn ich morgens früh aufstehe", Text: Ingrid Biermann)*

Material eine Mondlampe oder ein großer Mond als Fensterschmuck

Anleitung Die erste Strophe können die Kinder mitsingen. Die zweite Strophe singt die Erzieherin ihnen leise vor. Anschließend summt sie die Melodie, streichelt die Kinder und begleitet sie so in den Schlaf. Die zweite Strophe kann sie beliebig oft wiederholen.

Lied Wenn ich in mein Bettchen gehe
und den Mond am Himmel sehe,
mache ich die Augen zu,
denn sie brauchen etwas Ruh'.

Träume machen eine Reise,
kommen zu dir, ganz, ganz leise,
schenken dir ein wenig Ruh',
lasse deine Augen zu.

Einstiegsgeschichte Waschraum: Wasser ist nicht nur zum Waschen da

Einführung

Wasser ist nicht nur zum Waschen da, und das wissen Kinder ganz genau. Kinder lieben dieses Element. Der Waschraum im Kindergarten hat eine ganz besondere Anziehungskraft. Er sollte darum behutsam entdeckt werden. Deshalb startet die Entdeckungsreise mit Angeboten und Impulsen, die die Kinder zunächst noch im Gruppenraum erfahren. Wenn sie sich mit

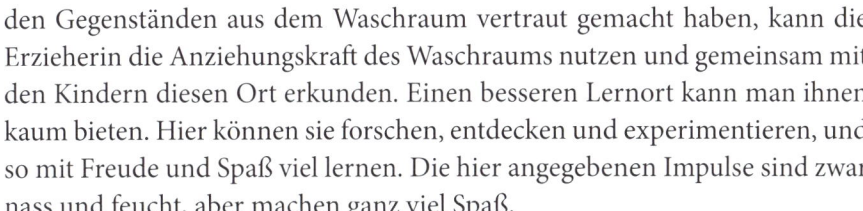

den Gegenständen aus dem Waschraum vertraut gemacht haben, kann die Erzieherin die Anziehungskraft des Waschrams nutzen und gemeinsam mit den Kindern diesen Ort erkunden. Einen besseren Lernort kann man ihnen kaum bieten. Hier können sie forschen, entdecken und experimentieren, und so mit Freude und Spaß viel lernen. Die hier angegebenen Impulse sind zwar nass und feucht, aber machen ganz viel Spaß.

Raum-gestaltung

Der Waschraum muss bei allen folgenden Aktionen warm sein, denn die Kinder sind leicht bekleidet, damit sie sich nass machen und waschen können. Es sollte einen rutschfesten Boden geben oder die Kinder sollen rutschfeste Sandalen anziehen. Die Erzieherin kann auch große Badetücher auslegen, auf denen die Kinder stehen oder sitzen können, möglich sind auch kleine Hocker. Die Erzieherin bereitet ein Hinweisschild vor, so dass Kinder, die nicht an der Aktion beteiligt sind, nicht stören. Sie benutzen während dieser Zeit auch die Toiletten der anderen Waschräume. Der Raum wird nun zu einer richtigen Nasszelle und zu einer unvergessenen Erlebnisoase für die Kinder.
Sie können die Erfahrung unterstützen, indem Sie möglichst viel Material zur Verfügung stellen. Zur Grundausstattung sollten neben ausreichend Handtüchern auch Seifen (ohne Zusatz- und Reizstoffe), unterschiedliche Bürsten, Eimer, Schüsseln, Schwämme, Kämme und eventuell Creme (ebenfalls allergiegetestet) gehören.

Tipp

Wenn Sie dem Raum eine beruhigende Ausstrahlung geben wollen, dann können Sie ihn dekorieren. Stellen Sie große Gläser mit Sand und einer Kerze oder einem Teelicht auf die Fensterbänke oder auf andere Erhöhungen. Sie können auch Raumduft einsetzen. Allerdings sollte Sie vorher bei den Eltern die Reaktionen der Kinder auf Düfte erfragen.

Der eigene Kulturbeutel

Einen eigenen Turnbeutel zu besitzen ist schon sehr interessant, aber einen eigenen Kulturbeutel zu besitzen, das ist für viele Kinder noch viel interessanter. Aus einer dünnen, einfarbigen, abwaschbaren Küchentischdecke kann für jedes Kind schnell ein kleiner Kulturbeutel genäht werden. Dieser wird mit einem individuellen Symbol versehen, das man mit wasserfesten Farbstiften aufmalen kann. Es bieten sich etwa eine Sonne, ein Ball, eine Blume oder ein Luftballon an. In den Kulturbeutel kommt ein eigener Kamm oder eine weiche Bürste, eine kleine Flasche Hand- oder Körpercreme, ein Waschhandschuh oder Schwamm, eine Zahnbürste mit einem Becher. Diese Tasche hängt im Waschraum am Haken des Kindes und kann bei gemeinsamen Pflegeaktionen oder auch auf eigenen Wunsch benutzt werden. Die Erzieherin achtet auf die Hygiene und den Gebrauch der Utensilien.

Material

Klara, Mäusekinder, Holzkiste, in der für jedes Kind ein Stück Seife (ohne Zusatz- und Reizstoffe) versteckt ist, Handtücher

Einstieg

Die Kinder machen es sich mit ihren Mäusen zuerst im Gruppenraum auf Hockern, Kissen oder Decken bequem und singen das bekannte Begrüßungslied „Wir kommen heut' zusammen". Zusammen mit Klara lädt die Erzieherin sie zu einer Klarageschichte ein.

Zunächst erzählt die Erzieherin die Geschichte ohne die pantomimischen Angaben. Am zweiten Tag der Entdeckungsreise kann sie die Geschichte noch einmal, diesmal mit den Bewegungen, erzählen.

Die Geschichte kann nach dem ersten Teil beendet werden, wenn die Konzentration der Kinder nachlässt. Der zweite Teil wird dann an einem anderen Tag erzählt.

Klaras Mäusekinder spielen sehr gerne draußen. Sie machen sich dabei immer ganz schmutzig. Abends bevor sie ins Bett gehen, gehen alle gemeinsam ins Badezimmer. Dort wird dann mit viel Wasser und duftender Seife alles sauber gemacht, was schmutzig ist. Alle Mäusekinder kommen in eine große Badewanne. Dort planschen sie mit viel Freude und waschen sich die Haare *(die Kinder waschen sich pantomimisch die Haare)*. Dann die Arme und Hände, die Beine und Füße, den Bauch, den Hals, das Gesicht und die Ohren *(die Kinder waschen pantomimisch die aufgezählten Dinge)*. Danach spielen sie noch eine Weile im Wasser. Nach diesem Badespaß kommt Klara mit einem großen Badetuch und trocknet ihre kleinen Mäuse ab *(die Erzieherin geht herum und rubbelt den Körper der Kinder mit einem Handtuch kurz ab)*.

Nachdem die kleinen Mäuse sauber sind, cremen sie sich mit duftender Creme ein *(pantomimisch eincremen)* und ziehen sich an *(pantomimisch anziehen)*. Schnell laufen alle an den Abendbrottisch, denn dort gibt es leckere Brote. Nach dem Essen putzen sich die Mäusekinder gründlich die Zähne *(pantomimisch Zähne putzen)*. Auch das macht ihnen viel Spaß, denn sie können gurgeln, blubbern und spucken, soviel sie Lust haben. Sauber, duftend und zufrieden gehen alle ins Bett, dort streichelt Klara sie noch ein wenig.

Die Kinder durchsuchen die Kiste und finden ein Stück Seife. Sie können sie befühlen und beschnuppern. Danach gehen sie in den Waschraum und waschen sich die Hände oder spielen mit der nassen Seife. Zum Abschluss rubbeln sie sich trocken.

Aktionen, Geschichten und Lieder zur Körperpflege

Stellen Sie alle Materialien zur Verfügung, die das Erfahrungsfeld Waschraum zu einem besonderen Erlebnis machen. Die Symbolfigur des Badezwergs kann die Impulse für die Lernerfahrungen zum Thema Wasser und Körperpflege unterstützen. Die Angebote können passend zur Gruppe kombiniert werden.

Körperpflege, die Spaß macht und gut riecht

Aktionsangebot

Material
Badekleidung, Seife, Wannen, Eimer, Schüsseln, Schwämme, Waschlappen, sanfte Bürsten, Körpercreme

Anleitung
Die Erzieherin geht mit den Kindern in den vorbereiteten Waschraum. Die Kinder experimentieren mit Wasser und Seife in Wannen, Eimern, Schüsseln oder Waschbecken, mit Schwämmen und Waschlappen, mit sanften Bürsten und duftenden Cremes (auf Allergien der Kinder achten). Sie können so vielfältige Wasser-, Wasch- und Pflegeerfahrungen machen.

Ich sehe was, was du auch siehst

Ratespiel

Material
großes Badehandtuch, Kamm, Bürste, Zahnbürste, Handspiegel, Seife, Waschlappen, Zahnbecher, Zahnpasta und Creme

Vorbereitung
Die Erzieherin legt das Badehandtuch in den Erzählkreis. Darauf legt sie die Gegenstände. Die Kinder sitzen im Kreis.

Anleitung
Die Erzieherin beschreibt einen Gegenstand. Die Kinder müssen genau zuhören und erraten, um welches Teil es sich handelt. Der Gegenstand wird dann aus dem Kreis geholt.
Damit die Kinder den Gegenstand erraten können, sollte die Erzieherin möglichst genaue Hinweise geben. Es sollten nicht nur die Eigenschaften des Gegenstands beschrieben werden (z. B. Farbe, Größe), sondern auch dessen Verwendung.

Das andere Waschlied

Spiellied *(Melodie „Zeigt her eure Füße“, Text: Ingrid Biermann)*

Die Kinder waschen mit der Erzieherin passend zum Lied ihre entsprechenden Körperteile oder stellen die Bewegungen mit Gesten dar.

Anleitung

Mit Wasser und Seife, kommt, schaut euch mal an,
was man mit den Sachen so alles machen kann.
Ich wasche, ich wasche, ich wasche meinen Bauch,
die Arme, die Hände, die Beine, wasch' ich auch.

Lied

Mit Wasser und Seife, kommt, schaut Euch mal an,
was man mit den Sachen so alles machen kann.
Ich wasche, ich wasche, ich wasche meinen Bauch,
die Haare, die Ohren, die Füße wasch' ich auch

Der Besuch beim Badezwerg

Klarageschichte

Klara, Mäusekinder, Kiste, Badezwerg, ggf. Badewanne

Material

Wie den Kuschelzwerg besorgen Sie auch den Badezwerg am besten in der Babyabteilung eines Kaufhauses. Dieser Zwerg unterstützt nun die Aktionen im Waschraum.

Tipp

Die Erzieherin ist mit den Kindern im Waschraum. Gemeinsam singen sie das Begrüßungslied. Sie zeigt den Kindern den Badezwerg, der in einer Badewanne sitzt, und lädt die Kinder zu einer ganz besonderen Geschichte ein.

Einstieg

Es war einmal ein kleiner Zwerg, der hatte eine riesengroße Badewanne. Jeden Sonntag lud er seine Freundin Klara mit ihren Mäusekindern zum Badefest ein. In der großen Badewanne konnten die kleinen Mäuse vergnügt planschen. Sie hatten dabei viel Spaß und sangen ihr Waschlied.
Manchmal blieben sie so lange im Wasser, bis es kalt war. „Kinder, kommt schnell heraus, ich rubbel euch warm", sagte Klara dann. Als die Mäusekinder wieder trocken und wohlig warm waren, zogen sie sich an.

Geschichte

Trocken rubbeln ist nicht schwer

Spiellied *(Melodie: „Brüderchen, komm, tanz mit mir", Text: Ingrid Biermann)*

Material Handtücher für jedes Kind

Lied Trocken rubbeln ist nicht schwer,
mit dem Handtuch hin und her,
hin und her, hin und her,
trocken rubbeln ist nicht schwer
(der Text wird so oft wiederholt, bis das Kind ganz trocken ist).

Das Lied vom Zähneputzen

Spiellied *(Melodie „Brüderchen, komm, tanz mit mir", Text: Ingrid Biermann)*

Material eine Zahnbürste für jedes Kind

Lied Zähneputzen ist nicht schwer,
mit der Bürste hin und her,
hin und her, hin und her,
Zähne putzen ist nicht schwer
(die Kinder putzen nach dem Singen die Zähne mit einer Hand).

Variation Beim zweiten Singen können die Zähne mit der anderen Hand geputzt werden.

Hinweis Die Kinder benötigen zur Zahnreinigung keine Zahncreme. Allein die Bewegungen mit der Zahnbürste im Mund reinigen bereits. Die Strophen können beliebig oft wiederholt werden.

Feuchtfröhliche Wasserspiele

In den folgenden Angeboten setzen sich die Kinder nur mit dem Element Wasser auseinander. Dafür sollte der Waschraum angenehm warm und mit vielen Badetüchern ausgestattet sein, sodass die Kinder nicht ausrutschen. Stellen Sie die Materalien bereit und lassen Sie sich auf die feuchtfröhlichen Spiele ein.

Der Badezwerg und feuchtfröhliche Wasserspiele

Klarageschichte

Klara, Mäusekinder, Badezwerg, viele Hand- und Badetücher, Wannen, Eimer, Schüsseln, Trichter, unterschiedliche Schwämme (harte, weiche, große, kleine, runde, eckige), Becher, Plastikdosen, Gießkannen, Schwimmtiere, Plastikflaschen, Becher, Strohhalme, Materialien, die auf dem Wasser schwimmen und solche, die untergehen, Sprühflaschen, Plastikbälle, leicht aufgeblasene Luftballons, die mit Wasser gefüllt sind

Material

Die Erzieherin setzt sich mit Klara, den Mäusekindern und den Kindern in einen Kreis. Sie singen ihr Begrüßungslied und danach lädt die Erzieherin zu einer neuen Klarageschichte und dem Besuch beim Badezwerg ein.

Einstieg

Heute spielen die kleinen Mäuse beim Badezwerg mit Schwämmen, Eimern, Bechern und vielen anderen Dingen. Es wird geschüttet und geplanscht. „Wasser, marsch!", rufen alle Mäuse und im Nu sind sie pitschnass. Der Badezwerg hat so vieles in seinem Badezimmer, alles muss munter ausprobiert werden. Der Nachmittag vergeht ganz schnell. Am späten Abend machen Klara und die Mäuse das Badezimmer wieder sauber und trocken ist.

Geschichte

Nachdem die Erzieherin die Geschichte erzählt hat, können die Kinder mit kaltem und warmem Wasser planschen, patschen, schütten, experimentieren und dabei ihre eigenen Wassererfahrungen machen.
Zum Schluss trocknen sich die Kinder selbst ab und ziehen sich an.

Schluss

Die Pitsch-Patsch Maus

Mitmachgeschichte

Material Handtücher und eine Schüssel mit warmem Wasser für jedes Kind

Einstieg Jedes Kind sitzt im Waschraum vor einer Schüssel mit warmem Wasser. Die Erzieherin erzählt die Geschichte von der neugierigen Maus Pitsch-Patsch. Bei dem Wort „Pitsch-Patsch" schlagen die Kinder mit ihren Händen auf das Wasser.

Geschichte Klara hat eine ganz neugierige kleine Maus. Sie heißt PITSCH-PATSCH. PITSCH-PATSCH liebt Wasser. Sieht PITSCH-PATSCH kleine oder große Pfützen, Badewannen und Waschbecken, dann planscht sie und im Nu ist alles nass. Der Lieblingsspielplatz von PITSCH-PATSCH ist das Badezimmer. Kaum ist sie da, da ist sie auch schon wieder nass. PITSCH-PATSCH läuft durch jede Pfütze und holt sich dabei immer nasse Füße. In der Küche spielt PITSCH-PATSCH mit Bechern und Schüsseln und ist im Nu wieder nass. Selbst beim Spazierengehen entdeckt PITSCH-PATSCH Pfützen und ist im Nu wieder nass. So ist es jeden Tag. Nur nachts liegt PITSCH-PATSCH wie alle kleinen Mäusekinder trocken im Bett.

Schluss Nachdem die Kinder genügend geplanscht haben, trocknen sie sich ab und ziehen sich an.

Einstiegsgeschichte Küche:
Klara und ihre Küchenkinder

Eine Küche ist ein Ort, an dem auch schon die Kleinen wichtige Lernerfahrungen machen können, denn hier spielt sich alles rund um das Essen ab. Die Einstellung zum Essen und zur Ernährung wird bereits sehr früh geprägt. Indem die Kinder das Essverhalten der Eltern und auch Erzieherinnen beobachten, sammeln sie Erfahrungen für ihr eigenes Essverhalten.

Spielerisch erhalten die Kinder mit diesen Impulsen Zugang zur Bedeutung von gesunder Ernährung. Sie machen Erfahrungen mit der Vorbereitung von Speisen, indem sie selbst zerkleinern. Kleine Speisen können sie auch schon eigenständig herstellen. Sie können schütten und einschütten, zerkleinern, vermengen, wiegen, formen sowie das Zubereitete probieren und genießen.

Der Entdeckungsraum Küche wird mit diesen Anregungen zu einer Experimentieroase. Die Kinder werden aktiv und mit viel Spaß bei den Ernährungs- und Esserfahrungen mitwirken. Sie können erleben, dass nicht alles aus der Tüte oder dem Gefrierfach kommt.

Wird die Kindergartenküche zur Zwergenküche, dann kann man das im ganzen Haus riechen. Viele Ideen können aber auch im Gruppenraum verwirklicht werden, sodass die Küche nicht für längere Zeit in Anspruch genommen werden muss.

Legen Sie mit den Eltern einen kleinen Probiergarten mit Kräutern, Beerensträuchern, Zwergobstbäumen, Gemüse oder Ähnlichem an. Auch die Jüngsten lieben es zu pflücken, zu harken, zu ernten und zu naschen.

Material	Klara, Mäusekinder, Kiste, ein Löffel für jedes Kind, ein Korb, gefüllt mit Dosen, Töpfen und Plastikschüsseln aus der Küche, Abschlussleckerei: Bananen, geeignete Messer, Brettchen und eine Schüssel
Vorbereitung	Die Erzieherin versteckt in der großen Mäusekiste für jedes Kind einen Löffel. Der Korb steht griffbereit.
Einstieg	Nach dem Begrüßungslied „Wir kommen heut' zusammen" lädt die Erzieherin gemeinsam mit Klara die Kinder zu einer Geschichte ein.
Geschichte	Klara kocht für ihre Kinder jeden Tag leckeres Essen. Sie kocht jeden Tag frisch und beim Zubereiten helfen ihre Kinder mit. Sie kneten den Kuchenteig, schmieren die Butterbrote, rühren den Quark oder schneiden die Bananen für den Obstsalat. Sie helfen auch beim Tisch decken, Spülen und Aufräumen. Die kleinen Mäuse sind gerne in der Küche, denn da gibt es immer etwas zu naschen. Oft lädt Klara auch den Bade- und Küchenzwerg ein. Dann sitzen alle an dem langen Küchentisch und essen so lange, bis die Teller, Schüsseln und Töpfe leer sind.
Schluss	Die Kinder durchsuchen die Mäusekiste und finden einen Löffel. Die Erzieherin holt den Korb und sie experimentieren mit den Dosen und den Löffeln. Sie musizieren gemeinsam mit den Löffeln. Dazu singen sie, wenn sie möchten, eine Strophe von dem Spiellied „Bum, bum, bum …". Danach erforschen die Kinder die Küche. Es wird mit Messern und Brettchen ein Bananensalat in einer Schüssel angerichtet. Die Kinder können ihn mit dem Löffel essen.

Bum, bum, bum …

Spiellied (Melodie „Hopp, hopp, hopp, Pferdchen lauf Galopp", Text: Ingrid Biermann)

Bum, bum, bum,
der Löffel macht bum, bum.
Ich esse mit ihm Obst und Brei
und auch ein frisches Frühstücksei.
Bum, bum, bum,
der Löffel macht bum, bum.

Küchenutensilien, Geschirr und Lebensmittel

Eine Vielfalt von Angeboten rund um die Küche und ihre Utensilien sind hier zusammengestellt. Klara, ihre Kinder und der Küchenzwerg begleiten die Lernerfahrungen in diesem Bereich.

Ich sehe was, was du auch siehst

Ratespiel

Material

Trockentuch, Küchenarbeitsbesteck wie Holzlöffel, Geschirr wie Tassen oder Teller, Essbesteck wie Messer und Gabeln, Spültuch, Spülbürste, Nahrungsmittel wie Milch, Brot, Käse, Äpfel oder Zitronen

Anleitung

Die Erzieherin legt ein großes Trockentuch in die Mitte des Erzählkreises und darauf die Materialien. Sie beschreibt die Dinge möglichst genau, also die Form, die Farbe, das Material und möglicherweise den Duft. Dann sollen die Kinder den Gegenstand erraten und aus dem Kreis holen.
Die Nahrungsmittel können auch gegessen werden.

Der Besuch beim Küchenzwerg

Klarageschichte

Material

Klara, Mäusekinder, Küchenzwerg, Zutaten für einen kalt angerührten Vanillepudding, ein Küchenzwerg, ein großer Kochtopf mit Deckel, ein Kochlöffel, für jedes Kind einen Teelöffel

Tipp

Wie den Kuschel- und Badezwerg besorgen Sie den Küchenzwerg am besten in der Babyabteilung eines Kaufhauses.

Einstieg

Auf dem Tisch oder in der Erzählmitte steht ein großer Kochtopf mit Deckel. Darin versteckt sich die Symbolfigur für dieses Erfahrungsfeld, der Küchenzwerg. Die Erzieherin singt mit den Kindern das Begrüßungslied und erzählt den Kindern, dass in dem Kochtopf jemand schläft, den sie nun gemeinsam sanft aufwecken können. Sie schlägt sacht mit dem Kochlöffel an den Topf. Die Kinder können das auch tun. Danach öffnet die Erzieherin langsam den Topfdeckel und holt den Zwerg heraus. Nach einer kurzen Vorstellungs- und Begrüßungsrunde lädt sie die Kinder zu einer Geschichte ein.

Geschichte

Klara hat noch einen Freund. Es ist ein Zwerg, der im Stamm des Apfelbaumes wohnt. Dieser steht direkt neben Klaras Wohnung. Der Zwerg kocht sehr gerne. Er hat eine große Küche. Wenn Klara krank ist oder keine Zeit hat, dann kocht er für die Mäusekinder. Die Mäuse essen gerne bei ihm, denn das Essen schmeckt ihnen hier besonders gut. Er kocht ihnen oft ihr Lieblingsgericht Nudeln mit Tomatensoße. Zum Nachtisch gibt es immer einen Vanillepudding. Auch heute essen die kleinen Mäuse bei ihm. Sie helfen dem Zwerg. Sie schnippeln, rühren und essen dann alles auf. „Ah, war das lecker!" rufen sie zufrieden. Mit vollen Bäuchen, aber satt, gehen die Mäuse nach Hause, legen sich ins Bett und schlafen sofort ein.

Schluss

Die Erzieherin stellt nun mit den Kindern einen kalt angerührten Vanillepudding her. Je nach Zeit und Lust kann auch das Hauptgericht, Nudeln mit Tomatensoße zubereitet werden.

Die Geschichte vom Apfelbaum

Klarageschichte

Material

Klara, Mäusekinder, Zutaten und Arbeitsgeschirr für das Zubereiten von Apfelmus, für alle Kinder fertiges Apfelmus und ein Korb mit Äpfeln

Einstieg

Die Erzieherin singt mit den Kindern das Begrüßungslied und zeigt ihnen einen Korb mit großen und kleinen Äpfeln. Die Kinder begreifen, beschnuppern und probieren einen Apfel, den die Erzieherin zerkleinert. Danach lädt sie zu einer Geschichte mit Klara und den Mäusen ein.

Geschichte

An einem schönen Tag geht Klara mit ihren Mäusen zu dem großen Apfelbaum. Sie will ihnen etwas zeigen. Dort angekommen, zeigt sie ihnen die saftigen Äpfel. Unter dem Baum liegen schon viele Äpfel, die der Wind heruntergepustet hat. „Äpfel", rufen die Mäuse im Chor. Schnell sammeln sie die kleinen und großen Äpfel auf und bringen sie in ihre Küche. Klara wartet schon, denn sie will aus diesen schönen Äpfeln mit den Mäusen Apfelmus machen. Die kleinen Mäuse helfen schälen und schneiden. Sie beobachten neugierig, wie aus den Äpfeln im Topf Apfelmus wird. Als es fertig ist, sitzen alle am Tisch und genießen ihr selbst gemachtes Apfelmus.

Alle Kinder bekommen ein Schälchen Apfelmus.

Schluss

Stellen Sie mit den Kindern gemeinsam aus Äpfeln Apfelmus für das zukünftige Mittagessen her. So erfahren die Kinder etwas über Vorratshaltung. Die Kinder können das Zuordnen von Deckeln zu Gläsern und das Zuschrauben üben. Ein Probierglas für die Eltern weckt bestimmt auch deren Lust auf selbst gemachtes Apfelmus.

Tipp

Das Ei

Spielvers

Korb, ein Ei für jedes Kind

Material

Die Erzieherin kocht für jedes Kind ein Ei und legt diese in einen Korb, den sie auf den Küchentisch stellt. Die Kinder betrachten und befühlen die Eier und die Erzieherin trägt ihnen den Vers vor.

Anleitung

Das Huhn, es legt ein dickes Ei,
an manchen Tagen auch mal zwei.
Ein Ei, das ess' ich jeden Tag,
weil ich das so gerne mag.

Vers

Die Kinder können nun ein Ei pellen und essen. Will man mit rohen Eiern arbeiten, kann man am Schluss ein Rührei herstellen und es gemeinsam essen.

Schluss

Zum Abschluss kann das Lied
„Wer will fleißige Hühner seh'n"
gesungen werden.
Nach Möglichkeit kann mit den
Kindern ein Bauernhof mit
Hühnerstall besucht und
Eier mitgenommen
werden.

Wer will fleißige Hühner seh'n

Lied *(Melodie „Wer will fleißige Handwerker seh'n", Text: Ingrid Biermann)*

Wer will fleißige Hühner seh'n,
der muss in den Stall heut' gehen,
tuck, tuck, tuck, tuck, tuck, tuck,
ein Ei zu legen, geht ruck zuck,
tuck, tuck, tuck, tuck, tuck, tuck,
ein Ei zu legen, geht ruck zuck.

Die Mandarine

Vers

Material   Korb mit einer Mandarine für jedes Kind

Anleitung   Die Erzieherin stellt einen Korb mit Mandarinen in die Mitte. Jedes Kind nimmt mit seinen Sinnen die Mandarine wahr. Die Erzieherin erzählt den Vers. Zum Abschluss nehmen die Kinder sich eine Mandarine, pellen und verspeisen sie.

Vers   Die Mandarine klein und frisch,
kommt mittags auf den Küchentisch.
Sie ist süß und ganz gesund,
ich steck sie gern in meinen Mund.

Topfkonzert mit Küchenmusikanten

Spiellied *(Melodie „Ich bin ein Musikante", Text: Ingrid Biermann)*

Korb mit Küchenutensilien wie Töpfe, Dosen, Löffel, Schneebesen, Holzbrettchen, Topfdeckel und anderes

Material

Mit den Gegenständen aus dem Korb experimentieren die Kinder. Danach werden sie eingeladen das Lied „Die Küchenmusikanten" mit ihren Instrumenten zu begleiten.

Anleitung

Die Küchenmusikanten, die machen nun Musik,
die Küchenmusikanten, die machen nun Musik.

Lied

Sie können spielen, sie können spielen,
bum, bum, kling, kling, bum, bum, kling, kling,
und jetzt ist alles still *(2x)*.

- Das Lied kann laut und leise gespielt und gesungen werden.
- Das Löffelkonzert: Das Lied wird nur mit unterschiedlichen Löffeln gespielt.
- Das Schneebesenrasselkonzert: Das Lied wird mit ganz besonderen Rasseln begleitet. In Schneebesen aus Metall werden kleine Glöckchen gesteckt, so entstehen wunderbare Rasseln, mit denen das Lied begleitet wird.
- Das Küchensieb-Rassel-Konzert: Ein kleines Teesieb aus Metall wird mit bunten Perlen befüllt. Mit einem starken Kleber wird ein zweites Sieb davor geklebt. Beide Griffe werden mit buntem Klebeband umwickelt. Damit wird das Lied begleitet.

Aufbauimpulse

Klara und die Schmeckexperimente

Klara lädt ein, Erfahrungen zum Essen und Schmecken zu sammeln. Viele Sinne werden beim Probieren und Zubereiten angesprochen, die Auswahl der Angebote ist wieder frei.

In der Probierstube

Klarageschichte

Material Klara, Mäusekinder, Einkaufskorb mit gesunden Nahrungsmitteln und Getränken

Einstieg Die Erzieherin stellt den Korb zusammen mit Klara und den Mäusekindern auf ein Geschirrtuch in die Erzählkreismitte. Die Kinder setzen sich um das Tuch, sie singen mit der Erzieherin das Begrüßungslied. Dann wird die Probiergeschichte von Klara und ihren Kindern erzählt.

Geschichte Einige von Klaras kleinen Mäusen wollen jeden Tag nur Käse essen. Klara kann auf den Tisch bringen, was sie will. Sie wollen einfach nur Käse. Heute sollen Klaras Kinder aber mal ganz viel Neues probieren. Sie geht mit ihnen in die Küche und hier können die Mäuse von allem kosten. Sie probieren Körner, Apfelstücke und knabbern an der Wurst. Hmm, das schmeckt ihnen gut. Von dem Tag an essen sie viel mehr als nur Käse.

Schluss Die Erzieherin lädt die Kinder ein zu probieren, um neue Geschmackserfahrungen zu sammeln. Nur so können sie für sich Vorlieben entdecken.

Tipp Suchen Sie mit großer Sorgfalt vollwertige, gesunde Nahrungsmittel aus wie verschiedene Brote, Käse, Gemüse- und Obstsorten oder unterschiedliche gesunde Getränke. Lassen Sie die Kinder die Proben selbst zusammenstellen und akzeptieren Sie eine Ablehnung.

Die Naschmäuse

Fingerspiel

In der ersten Strophe werden die Finger einer Hand gezeigt, in der zweiten Strophe wird mit den Fingern der zweiten Hand gespielt. In der dritten Strophe spielen alle Finger (zehn Mäuse).

Fünf Mäuse haben großen Hunger,
das Magenknurr'n macht ihnen Kummer.
Sie suchen Käse, Wurst und Speck
und kommt jemand, dann sind sie weg.

Kuchen backen mit Musik: Süße Zwergentaler

Aktionsangebot mit Lied *(Melodie „Backe, backe, Kuchen", Text: Ingrid Biermann)*

500 g Mehl, 200 g Zucker, 1 Päckchen Vanillinzucker, 350 g Butter, 2 Eigelb, 1 Ei, 1 Prise Salz, eventuell etwas geriebene Zitronenschale, Hagelzucker, ein Teelöffel Backpulver

Die Erzieherin wäscht mit den Kindern zuerst die Hände. Dann geht sie mit ihnen an den Küchentisch, hängt ihnen eine Kochschürze um. Die einzelnen Liedstrophen begleiten die Handlungen der Erzieherin und der Kinder. Während die vier Strophen gesungen werden, entsteht nach und nach der Kuchenteig.

In einen Joghurtbecher werden kleine Löcher gestoßen. Wenn er dann mit Zucker befüllt wird, können die Kinder den Zucker über die Finger rieseln lassen.

Backe, backe Kuchen,
die Zwerge haben gerufen,
gutes Mehl ganz fein und frisch,
schütt' ich auf den Küchentisch.
(Die Erzieherin streut das Mehl mit dem Salz und Backpulver auf den Tisch. Die Kinder setzen sich nun mit dem Mehl taktil auseinander. Danach schieben sie das Mehl zu einem Berg zusammen.)

Backe, backe Kuchen,
die Zwerge haben gerufen,
Butter weich und auch ganz frisch,
kommt nun auf den Tisch.
(Die Erzieherin gibt die Butter auf das Mehl. Die Kinder setzen sich zunächst mit dem Butter- und Mehlgemisch taktil auseinander und vermischen es dann gut.)

Backe, backe Kuchen,
die Zwerge haben gerufen,
Zucker süß und ganz ganz fein,
rieselt in den Teig hinein.
(Die Erzieherin fügt Zucker und Vanillezucker hinzu. Die Kinder setzen sich mit der Mischung taktil auseinander und schieben dann alles zusammen.)

Backe, backe Kuchen,
die Zwerge haben gerufen,
wir wollen heute Kuchen backen,
müssen jetzt die Eier knacken.
(Die Erzieherin gibt die Eier und eventuell die Zitronenschale dazu. Gemeinsam kneten sie alles zu einem festen Teig.)

Schluss

Der Teig wird zum Kühlen in den Kühlschrank gestellt. Die Kinder helfen beim Aufräumen mit. Wenn der Teig ausreichend lange gekühlt worden ist, kann er von den Kindern zu Talern geformt werden. Sie bestreuen diese mit Eigelb und Hagelzucker. Danach werden sie bei 175 Grad ca. 10–12 Minuten gebacken und später gemeinsam genüsslich verzehrt.

Schmackhafte Fingerrezepte

Aktionsangebot

Geben Sie den Kindern die Möglichkeit, viele taktile Erfahrungen mit ihren Händen zu machen. Etwas mit den Händen essen, etwas zerdrücken, etwas zerbröckeln, um es dann in den Mund zu nehmen, ist eine sinnliche Erfahrung, die man nur als Kind machen kann, ohne sich zu genieren.

Tipp

Rezepte

- Bananenbrei: Die Bananen mit der Hand zerdrücken und dann mit den Fingern essen.
- Kartoffelbrei: Gekochte, kalte Kartoffeln zerdrücken und dann in den Mund nehmen.
- Zerbröckelte Eier: Gekochte Eier selbst pellen, zerbröckeln und essen. Zerbröckeltes Brot: Brot zerbröckeln und essen.
- Weiche Nudeln: Nudeln mit den Fingern essen.
- Bröselkuchen: Rührkuchen zerbröseln und essen.
- Eiswürfel fangen und lecken: Bunte Eiswürfel aus Saft herstellen, evtl. im Wasser schwimmen lassen und lutschen.

Essbare Knetmasse

Aktionsangebot

Kartoffelteig: Eine große Tasse Wasser wird mit einem Esslöffel Sonnenblumenöl und mit Naturfarben wie Kakao gemischt und zu einem Kartoffelteig verknetet.

Rezepte

Mehlteig: Eine Tasse Wasser, drei Tassen Mehl, zwei Esslöffel Öl und Naturfarben (Kakao oder Rote-Beete-Saft) werden zusammen verrührt. Klebt der Teig an den Händen, wird noch Mehl hinzugefügt. Der Teig lässt sich formen und im Ofen trocknen.

Bewegungsspiele mit Topf oder Deckel

Die hier aufgeführten Angebote und Impulse fördern das ganzheitliche Erfahren und Auseinandersetzen mit Gegenständen, die man in der Küche finden kann. Die Bewegungsangebote sollten in Räumen umgesetzt werden, die den Kindern genug Platz bieten. Es bieten sich das Esszimmer, der Turn- oder auch der Gruppenraum an.

Material

Geschirrtücher, Putztücher und Putzschwämme, unterschiedliche Papprollen Gemüsekisten mit unterschiedlichen Füllungen: leere Plastikbecher, kleine und großen Plastikflaschen, die gefüllt sind mit Bohnen, Linsen, Reis oder Erbsen, Einfriertüten, die gefüllt sind mit Bohnen, Linsen, Reis oder Erbsen (sie werden fest verschlossen)
Zusätzlich: unterschiedliche Töpfe und Deckel, eine Pfeife, ein Putzeimer mit Tennisbällen, für jedes Kind einen kleinen bunten Putzeimer (die Tragbügel werden entfernt)

Hinweis

Einige Spielmaterialien wie die gefüllten Gefriertüten, Flaschen, Tücher oder Schwämme sind auch für das freie Experimentieren mit den Allerkleinsten geeignet.

Der Küchenzwerg und das Küchengeschirr

Klarageschichte

Material

Klara, Mäusekinder, Küchenzwerg, grüne Decke, Gemüsekisten, Küchenrollen, Geschirrtücher, Gefrierbeutel, Pappkartons, Kochlöffel, Schneebesen, Bälle etc.

Einstieg

Die Erzieherin wählt einen geeigneten Raum. Gemeinsam mit Klara, den Mäusekindern und den Kindern setzten sie sich auf eine grüne Decke als Symbol für die grüne Wiese. Die Erzieherin singt mit den Kindern das Begrüßungslied und lädt sie zu einer kurzen Zwergengeschichte ein.

Geschichte

Der Küchenzwerg hat heute eine besondere Idee. Er lädt Klara und die Mäuse zu lustigen Spielen mit Küchengeschirr ein. Er hat ein großes leeres Zimmer. Dort will er mit ihnen springen, klettern, werfen und schöne Spiele mit Kochlöffel und Schneebesen machen. Klaras Kinder freuen sich auf die gemeinsamen Spielerlebnisse. Der Küchenzwerg hat alles vorbereitet und singt mit ihnen ein lustiges Lied, bei dem die Mäuse sofort mitmachen. Danach spielen sie bis zum späten Abend mit den tollen Küchengeräten. Als es am Abend nach Hause gehen soll, bekommen sie zum Abschluss alle ein großes Glas Saft. Eine kleine Maus leckt ihre Mausschnute ab und sagt: „Der Saft schmeckt aber gut", und eine andere Maus ruft: „Und gibt ganz viel Kraft!" Danach trippeln dann alle Mäuse nach Hause und dort geht es sofort ins Bett.

Die Erzieherin stellt die Gemüsekisten mit den Materialien in die Mitte. Die Kinder spielen barfuß und können mit allem experimentieren. Die Bälle werden gerollt oder geworfen, die Rollen gerollt, die Tücher geworfen, die Gefrierbeutel auf dem Kopf balanciert oder die Pappkartons werden als Sprungbrett genutzt. Je mehr Zeit den Kindern zum Experimentieren bleibt, umso interessantere Ideen werden sie entwickeln. Die Erzieherin kann auch als Impuls das Lied „Ich bin ganz munter und gesund" singen.

Schluss

Ich bin ganz munter und gesund

Bewegungslied *(Melodie: „Ich bin ein kleiner Hampelmann", Text: Ingrid Biermann)*

Ich bin ganz munter und gesund,
ich lauf herum so manche Stund'.
Komm, lauf mit mir, komm, lauf mit mir,
komm, lauf mit mir, komm, lauf mit mir,
ich laufe gern mit dir.

Ich bin ganz munter und gesund,
ich hüpf' herum so manche Stund'.
Komm, hüpf mit mir, komm, hüpf mit mir,
komm, hüpf mit mir, komm, hüpf mit mir,
ich hüpfe gern mit dir.

Ich bin ganz munter und gesund,
ich tanz' herum so manche Stund'.
Komm, tanz mit mir, komm, tanz mit mir,
komm, tanz mit mir, komm, tanz mit mir,
ich tanze gern mit dir.

Ich bin ganz munter und gesund,
ich ruh' mich aus so manche Stund'.
Komm, ruh dich aus, komm, ruh dich aus,
komm, ruh dich aus, komm, ruh dich aus,
wir ruh'n uns gerne aus.

Topfspiele

Bewegungsspiele

Material

Töpfe mit passendem Deckel, Tennisbälle

Anleitung

Auf jeden Topf passt ein Deckel. Die Töpfe stehen im Raum. Die Kinder holen sich einen Deckel und suchen den passenden Topf. Haben sie ihn gefunden, dann nehmen sie sich einen Tennisball.

Spiele

- Balancierspiel: Die Kinder gehen zu einem Topf, holen sich den Deckel und balancieren ihren Ball durch den Raum. Dann bringen sie ihn wieder zu ihrem Topf zurück.

- Topfdeckeltennis: Die Kinder versuchen ihren Ball mit dem Deckel hoch zu werfen.

- Topfdeckelhockey: Die Tennisbälle werden mit dem Deckel durch den Raum geschoben bzw. bewegt.

Putzschwammspiel

Putzschwämme, Tennisbälle, Trillerpfeife, Eimer, CD-Spieler mit ruhiger Musik

Putzschwämme in verschiedenen Farben und Größen lassen sich wunderbar als Baumaterial nutzen. Sie haften leicht aufeinander und wenn sie umfallen, dann sind sie leise und es gibt keine Verletzungsgefahr.

- Turmbau: Aus den Schwämmen werden Türme so hoch gebaut, bis sie umkippen.

- Schwammturm abwerfen: Schwammtürme werden mit dem Tennisball umgeworfen.

- Putzschwamm-Weitwurf: Die Putzschwämme werden so nah wie möglich an einen Putzschwammturm geworfen.

- Putztag: Die Kinder laufen durch den Raum. Auf ein Signal hin, etwa einen Pfeifton, laufen sie los und putzen etwas, das im Raum steht. Ertönt die Pfeife erneut, suchen sie etwas anderes, das geputzt werden kann.

- Putzschwamm balancieren: Die Kinder legen sich einen Schwamm auf den Kopf und gehen durch den Raum. Sie tragen ihn zu einem Eimer und legen ihn hinein. Dann holen sie sich einen neuen Schwamm.

- Putzschwammmassage: Die Kinder legen sich hin und die Erzieherin massiert sie mit dem Schwamm. Ruhige Musik kann diese Aktion begleiten.

Spiele mit Flaschen, Tüchern und Tüten

Bewegungsspiele

Material

Tüten, Tücher, (Plastik-)Flaschen

Anleitung

Wie die Putzschwämme gibt es Tüten, Tücher und Flaschen in verschiedenen Farben und Größen. Sie bieten Anlass für viele Bewegungs- und Spielerfahrungen.

Spiele

- Flaschenspiele: Flaschendrehen, Flaschenrollen, Flaschenkegeln oder Flaschen auf Geschirrtüchern transportieren.

- Tütenspiele: Mit den Tüten kann man Tütenweitwurf spielen, Tüten stapeln, Tüten schleppen oder Tüten balancieren.

- Tücherspiele: Genauso kann man mit den Tüchern Hoch- und Weitwurf spielen, das Tücherzudeckspiel, die Tücher-Krabbelstraße und die Tüchermassage. Ebenso sind Transportspiele mit Tüchern möglich, Pferdchenspiel mit Tüchern oder Tuchrutschen.

Kistenauto

Bewegungsspiel

Material

Gemüsekisten

Anleitung

Die Gemüsekisten werden umgedreht auf den Boden gelegt. Ein Kind setzt sich hinein und alle schieben es durch den Raum. Dabei singt die Erzieherin das Lied „Brumm, brumm, brumm".

Brumm, brumm, brumm

Spiellied *(Melodie „Summ, summ, summ, Bienchen summ herum", Text: Ingrid Biermann)*

Brumm, brumm, brumm,
das Auto fährt herum,
langsam fährt es hin und her,
rundherum und kreuz und quer.
Brumm, brumm, brumm,
jetzt steht das Auto stumm.

Das besondere Angebot: Küche mit Kunst, Korb und Sack

In der Küche geht es nicht nur um Nahrungsmittel, es finden sich auch andere Alltagsmaterialien wie Bürsten, Pinsel, Filtertüten oder Papier, die zur Auseinandersetzung anregen.

Küchenkunst

Kreativangebot

Material

Tapetenpapier, Fingerfarbe, Spülbürsten, Backpinsel, Pizzaroller, Gabel, Löffel, Schneebesen, Topfschaber, CD-Spieler, klassische Musik, Klebeband

Anleitung

Das Papier wird auf dem Küchentisch oder auf dem Boden befestigt. Nun können die Kinder mit den ungewöhnlichen Malutensilien und der Fingerfarbe bunte Farbspuren auf dem Papier hinterlassen. Dazu kann klassische Musik gespielt werden.

Variationen

- Die Farbe wird mit Tapetenkleister angereichert und nun können ungefährliche Alltagsprodukte wie Korken, Eierschalen, Tee, Pulverkaffee, Kakao, Filtertüten und Ähnliches zur Gestaltung angeboten werden.

- Es können Klebespuren mit Puderzuckerglasur und Rosinen hergestellt werden. Die Spuren können nach dem Gestalten vernascht werden.

Tipp

Kinder experimentieren gerne mit Alltagsprodukten. Jedoch sollten Sie die Kinder bei den Variationen keine Sekunde aus den Augen lassen, denn nicht alles darf in den Mund gesteckt werden.

Der Papierkorb

Kreativangebot

Material

Servietten, leere Mehl- und Zuckertüten, alte Zeitungen, altes Verpackungspapier, großer Korb, in dem die Materialien liegen

Anleitung

Die Erzieherin gibt den Kindern das Material. Daraus fertigen die Kinder gerne und schnell Schnipsel. Bei diesem Spiel geht es für das Kind um hörbare, sichtbare und fühlbare Materialerfahrungen, die für seine ästhetische Entwicklung von großer Bedeutung sind. Angereichert mit Tapetenkleister kann aus den Schnipseln eine anregende Modelliermasse werden.

Experimente mit Alltagsmaterialien

Kreativangebot

Material

saubere Verpackungsmaterialien, zum Beispiel knisternde Folie oder Butterbrottüten, leere Sahneflaschen oder Eierkartons, buntes Geschenkpapier, Tragetaschen oder Schraubverschlüsse, leere Margarineschachteln, Sahnebecher, Pralinenschachteln

Anleitung

Sammeln Sie Verpackungsmaterialien, die bei einer taktilen Auseinandersetzung interessant sein können. Spielend experimentieren die Kleinen mit diesen Dingen und setzen sich so aktiv mit Alltagsmaterialien auseinander. Denn Kinder brauchen weniger Spielzeug. Die Gebrauchsgegenstände fordern sie bereits zum Spielen und Experimentieren heraus.

Die neue Umgebung entdecken

Die Natur vor der Tür entdecken

Wenn die Kinder die nähere Umgebung in der Kindertagesstätte kennengelernt haben und sich dort sicher fühlen, geht es nach draußen. Auch hier gibt es viel zu entdecken. Einerseits bestimmen die Pflanzen und Tiere unser Erleben und andererseits ist unsere Erfahrung der Natur stark vom Wetter abhängig.

Der Spielraum Natur sorgt für reichlich Lernstoff zum Experimentieren, Entdecken, Fühlen und Begreifen. Mit Leichtigkeit wird das Kind durch seine sinnlichen Erfahrungen zu einem Denker, Forscher, Biologen und auch Mathematiker. Im folgenden Kapitel werden Sie viele Impulse bekommen, die Sie für eine Entdeckungsreise mit den Kindern in die Natur nutzen können. Die Erfahrungsbereiche Wiese und Wetter werden jeweils wieder mit einer Einstiegsgeschichte von Klara und ihren Mäusekindern vorgestellt. Die weiteren Impulse können Sie erneut angepasst an Ihre Kindergruppe zusammenstellen. Lassen Sie sich von den Kindern an die Hand nehmen und zu den Dingen führen, die Sie vielleicht schon länger nicht mehr gesehen haben. Genießen Sie mit Ihren Kindern diese Entdeckungsreise und trauen Sie sich ruhig auch, einen Regenwurm anzufassen oder eine Schnecke auf Ihrer Hand zu spüren. Auch hier gilt wieder, wie bei allen Impulsen, dass der Weg das Ziel ist und die Geschwindigkeit von den Kindern bestimmt wird.

Raumgestaltung

Besorgen Sie sich für die Wiesenforscher Vergrößerungsgläser, leere Glas- oder Plastikbecher (mit Deckel), Schippen, Eimer und Gießkannen, damit die Kinder auch forschen und sammeln können. Ein Regal, eine Fensterbank oder ein Tisch wird zum Museum. Alles, was die Kinder gefunden haben, bekommt dort seinen Platz und somit seine Anerkennung.

Einstiegsgeschichte:
Klara und das Wiesenerlebnis

Einführung

Als erstes Ausflugsziel in die Natur bietet sich die Wiese an, denn diese findet sich direkt vor der Tür der Kindertagesstätte oder in näherer Umgebung. Die Wiese ist der Wohnort vieler Tiere, sie zu entdecken ist für die Kinder ein besonderes Vergnügen. Sicherlich haben Sie bei Ihren Aufenthalten mit den Kindern in der Natur auch schon beobachtet, wie intensiv sich die Kleinen mit den Dingen beschäftigen, die vor ihren Füßen liegen.

Auf ihren Erlebnisreisen entdecken sie Käfer, Regenwürmer und andere Lebewesen, die ein Erwachsener schnell übersieht. Wie gebannt stehen die Kinder davor. Sie nehmen sich Zeit für das Kleine, welches dann unter ihrer intensiven Betrachtung und durch ihre uneingeschränkte Aufmerksamkeit riesengroß wird. Aber nicht nur Tiere liegen vor ihren Füßen, sondern auch Gräser, Blumen, Stöckchen und Steine. Alles fordert die Kleinen heraus, alles muss angefasst und genau betrachtet werden. Dabei vergessen die Kinder die Zeit und alles, was um sie herum passiert, wird unwichtig. Sie konzentrieren sich auf das Wesentliche, das ihr Interesse und ihre Neugier geweckt hat. Das vermeintlich Unscheinbare in der Welt löst ihre Begeisterung aus. Die Kinder nehmen dabei bewusst wahr, denn sie haben wache Augen, die Verborgenes sehen können, offene Ohren, die Feines und Zartes hören können und sensible Finger, die behutsam fühlen können. Sie zeigen uns, was es heißt, im Einklang mit der Welt der kleinen Dinge zu sein, achtsam und aufmerksam mit kleinen Lebewesen umzugehen.

Hinweis

Neben Impulsen zu Naturmaterial und aus der Kleintierwelt habe ich mich auch intensiver mit dem Thema Maus beschäftigt, weil das Klarabuch diese als Symbolfigur hat. In dem Kapitel tauchen die Kinder in die Mäusewelt ein, also in Klaras Welt.

Material	Klara, Mäusekinder, Holzkiste, Körbe mit Steinen, Stöcken und Blättern

Vorbereitung

Die Erzieherin sammelt von der Wiese Steine, Stöcke und Blätter. Einige versteckt sie in der Holzkiste, die anderen stellt sie, sortiert in kleine Körbe, griffbereit.

Einstieg

Die Kinder setzen sich um die Holzkiste und singen eine oder mehrere Strophen des Begrüßungslieds „Wir kommen heut' zusammen". Die Erzieherin, Klara und die Mäusekinder laden die Kinder zu einer Klarageschichte ein.

Geschichte

Heute ist wieder ein Tag, um auf die Wiese zu gehen. Nach dem Frühstück laufen Klaras Mäuse hinaus. Mit Eimern und Schippen wollen sie suchen und sammeln. Sie finden Steine, Stöcke, duftende Blätter und Blumen. „Da, sieh' mal eine, große Käferfamilie!", sagt plötzlich eines der Mäusekinder. Die Käfer sind gerade beim Frühstück und fressen frische kleine Blätter. Die Mäuse wollen nicht stören und trippeln weiter. „Ein Regenwurm!", ruft eine andere Maus und eine weitere Maus entdeckt einen kleinen Schmetterling. Bei ihrer Suche entdecken sie noch viele Tiere. Jeden Tag kommen sie nun zu den Wiesentieren. Gemeinsam beobachten sie die kleinen Tiere und fliegen dann wie ein Schmetterling, kriechen wie ein Regenwurm oder krabbeln wie ein Käfer. Zusammen suchen sie Stöcke und Steine, Blätter und Gräser und haben viel Spaß.

Schluss

Die Kinder durchsuchen die Kiste und finden Stöcke, Steine und Blätter. Die Erzieherin holt die bereit gestellten Körbe. Die Kinder können sich spielerisch mit den Naturmaterialien auseinandersetzen.

Die Natur vor der Tür entdecken

Unterwegs mit dem Bollerwagen:
Lieder und Spiele für die Entdeckungsreise

Um die Natur zu erkunden, bieten sich Ausflüge in die Umgebung an, etwa in einen Park, naheliegende Wiesen oder den Wald. Der Bollerwagen ist für solche Erkundungen eine hilfreiche Unterstützung, gerade für die unter Dreijährigen. Natürlich sollen die Kinder auch kleinere Strecken auf geeigneten Spazierwegen zu Fuß erkunden können. An Sonnen- wie an Regentagen sollte mit den Kindern an die frische Luft gegangen werden, denn es gibt ja bekanntlich kein schlechtes Wetter, sondern nur schlechte Kleidung.

Im Bollerwagen sitzen Kinder groß und klein

Lied *(Melodie: „Alle meine Entchen", Text: Ingrid Biermann)*

Die Kinder können beim gemeinsamen Singen des Liedes die angegebenen Bewegungen ausführen. Weitere Bewegungsideen, die in der ersten Zeile eingebaut werden können sind etwa trampeln, winken, spielen oder stehen. Die Erzieherin kann die Kinder auch dazu einladen, kleine Äste und Zweige zu suchen, um mit diesen die Lieder zu begleiten (z. B. zwei Äste aneinander klopfen oder mit einem Ast leicht auf den Bollerwagenrand klopfen).

> **Anleitung**

Im Bollerwagen *sitzen*
Kinder groß und klein,
Kinder groß und klein.
Sie machen eine Reise
und wollen fröhlich sein.

> **Lied**

Im Bollerwagen *klatschen*
Kinder groß und klein,
Kinder groß und klein.
Sie machen eine Reise
und wollen fröhlich sein.

Wir Bollerwagenkinder *(Melodie: „Wir Kindergartenkinder", Text: Ingrid Biermann)*

Lied

Anleitung

Auch hier führen die Kinder die Bewegungen aus. Es können weitere Strophen mit anderen Handlungsverben gebildet werden.

Lied

Wir Bollerwagenkinder, wir sind vergnügt und froh,
wir machen eine Reise und *klatschen* dabei so.
Heidi, heida, heidi, heida,
wir Bollerwagenkinder, wir sind da,
hurra!

Wir Bollerwagenkinder wird sind
vergnügt und froh,
wir machen eine Reise und *trampeln*
dabei so.
Heidi, heida, heidi, heida,
wir Bollerwagenkinder, wir sind da,
hurra!

Im Bollerwagen hier *(Melodie: „In Mutters Stübele", Text: Ingrid Biermann)*

Lied

Anleitung

Bei diesem Lied werden jeweils in der Strophe die Kinder benannt und somit begrüßt. Der Name, der genannt wird, dient als Beispiel. Die erste Strophe wird so oft mit jeweils einem Kindernamen gesungen, bis alle Kinder begrüßt wurden. Die zweite und dritte Strophe kann gesungen werden, wenn alle Kinder sitzen.

Lied

Im Bollerwagen hier, da sitzt die/der *Monika*,
ich gebe ihr/ihm die Hand, sag „Guten Tag!"

Im Bollerwagen hier, da sitzen groß und klein,
wir heben nun die Hand und winken froh.

Im Bollerwagen hier fahr'n wir nun froh hinaus,
im Bollerwagen hier fahr'n wir hinaus.

Dieses Lied kann auch bei der Bollerwagenreise nach einem Spaziergang zur Einstimmung auf die Rückfahrt mit folgendem Text gesungen werden. Alle Kindernamen werden wieder in die erste Strophe integriert. Das Singen des Namens dient zugleich als Aufforderung, in den Wagen einzusteigen. Die Schlussstrophe kann gemeinsam gesungen werden, wenn alle sitzen.

Aufbauimpuls

Im Bollerwagen hier, da sitzt die/der *Monika*, sie/er sitzt und winkt sehr froh, denn es war schön.

Schluss

Im Bollerwagen hier, da fahren wir nach Haus, wir winken alle froh, denn es war schön.

Steine, Stöcke und noch mehr

Natur- und Sachbegegnung

eine Tasche für jedes Kind, große Decke, ggf. ein Bollerwagen, Behälter zum Sortieren

Material

Die Erzieherin und die Kinder sammeln in der Natur alles, was ihnen gefällt und sie interessiert in ihren Taschen. Bei einer Rast auf einer Decke werden die Fundstücke gemeinsam betrachtet, benannt und befühlt.
Im Kindergarten stellt die Erzieherin Gemüsekisten, Schraubgläser, Dosen, Schachteln oder Körbe bereit, in denen die „Wiesenschätze" ihren Platz erhalten. Die Kinder sortieren und ordnen ihre Fundsachen. Die Kinder können mit ihnen im Freispiel nach Herzenslust spielen.

Anleitung

Ein Geschenk für den Wald

Kreativangebot

Die Erzieherin legt mit Stöckchen einen Rahmen auf dem Waldboden. Dort hinein legen die Kinder gesammelte Naturmaterialien, je nach Belieben zu einem schönen Muster. Legt die Erzieherin weitere Stöcke innerhalb des Rahmens sternförmig aus, kann das Naturbild zu einem Mandala werden. Das entstandene Kunstwerk ist ein Geschenk für den Wald (bzw. den Park oder die Wiese) und dessen Besucher.

Anleitung

Zapfenweitwurf

Bewegungsspiel

Die Erzieher legt an einer geeigneten Stelle auf einer Wiese oder einem Weg mit Stöckchen eine Abwurflinie aus. Nun sammeln die Kinder Zapfen bzw. Stöckchen oder Steine und versuchen, sie vom Wurfpunkt aus so weit wie möglich zu werfen.

Es kann auch eine zweite Linie in für die Kinder erreichbarem Abstand als Ziellinie gelegt werden.

Bewegter Spaziergang

Bewegungsspiel

evtl. eine Decke

An einem sicheren und den Kindern bekannten Spazierweg kann die Erzieherin mit den Kindern bestimmte Punkte, die sich in Sichtweite befinden, vereinbaren, bis zu denen sie rennen können. So können sie sich richtig austoben. Haben die Kinder die Spielregel gut verinnerlicht, können ihnen auch verschiedene Bewegungsaufgaben bis zu den vereinbarten Plätzen gegeben werden, etwa große Schritte machen wie ein Storch, hüpfen wie ein Pferd, sich groß machen wie ein Bär.

An einer Wiese angekommen können sich alle auf einer Decke ausruhen, ihre Zwischenmahlzeit und die Sonne genießen sowie sich von ihren Entdeckungen des Spaziergangs erzählen. Vielleicht lauschen sie einmal gerne und nehmen die Naturgeräusche dabei bewusst wahr.

Die Erzieherin kann ihnen für das anschließende Spiel auf der Wiese verschiedene Spielimpulse geben, zum Beispiel sich bewegen wie

- ein Waldriese *(auf Zehenspitzen und mit erhobenen Händen)*,
- ein Waldzwerg *(in der Hocke)*,
- ein Waldkäfer *(krabbeln)*, oder
- ein Waldvogel *(Arme auf und ab bewegen und beim Laufen das Fliegen imitieren)*

Bollerwagenversteckspiel

Kreisspiel

Die Kinder knien sich im Kreis auf den Boden, beugen ihre Köpfe nach unten und stellen einen ruhenden Stein dar. Die Erzieherin tippt ein Kind an, das sich im Bollerwagen verstecken darf. Wenn es nicht mehr zu sehen ist, bittet die Erzieherin die ruhenden Steine aufzuwachen, ihre Augen zu öffnen und zu erraten, wer nun nicht mehr bei ihnen ist, sondern sich im Bollerwagen versteckt hat. Das Spiel wird so oft wiederholt, wie die Kinder Freude daran haben.

Anleitung

Ich sehe was, was du auch siehst

Wahrnehmungsspiel

Beim gemeinsamen Spaziergang bleibt die Erzieherin zwischendurch mit dem Bollerwagen stehen und sagt: „Ich sehe was, was du auch siehst, und das ist (bzw. hat) … (z. B. ist ganz hoch, ganz klein; hat ein Dach, einen Schwanz)!". Die Kinder schauen sich daraufhin um und jedes Kind nennt etwas, was es hier an diesem Ort sieht. Es zeigt darauf und alle Kinder schauen auch dorthin. Danach geht die Heimreise weiter. Immer wenn die Erzieherin stehen bleibt, stellt sie wieder die Frage und jedes Kind sucht sich etwas aus, das es sieht, und benennt dieses. So wird der Rückweg noch einmal zu einem besonderen Erlebnis.

Anleitung

Die Fragen können an den Kenntnisstand der Kinder angepasst werden. Wenn die älteren Kinder schon einzelne Farben und Formen kennen, können diese beispielsweise erfragt werden.

Hinweis

Ältere Kinder können auch gebeten werden, die Augen zu schließen. Die Erzieherin stellt die Frage: „Ich höre was, was du auch hörst …!" Alle halten inne und lauschen. Die Kinder werden gebeten, die Augen zu öffnen und jedes Kind beschreibt, was es gehört hat.

Variation

Der fröhliche Bollerwagenchor

Auf dem Heimweg können die bekannten Lieder noch einmal gesungen werden. Sie verkürzen die Zeit des Heimweges.

Fühlen von und Spielen mit Naturmaterialien

Natürliche Materialien sollten mit mehreren Sinnen erfahren werden. In Kreativangeboten können die Kinder Neues mit den Materialien schaffen. Die Kunstwerke können im Gruppenraum oder Flur aufgehängt oder den Kindern mit nach Hause gegeben werden.

Natürliche Farbspuren

Kreativangebot

Material
Stöcke, Steine, Blätter, Papier, Gräser, Fingerfarbe, Schuhkartons

Anleitung
In die Schuhkartons werden Papiere gelegt. Darauf klecksen die Kinder Farbtupfen. Anschließend können sie mit den Naturmaterialien interessante Farbspuren auf den Blättern hinterlassen.

Natürliche Gipsbilder

Kreativangebot

Material
Gips, Plastikteller, Naturmaterialien wie Steine, Stöcke, Gräser

Anleitung
Der Gips wird angerührt und auf die Teller verteilt. Sobald er etwas hart geworden ist, können die Kinder Abdrücke von Steinen, Stöcken oder Gräsern sowie auch von ihren Händen und Füßen herstellen.

Schwammkunst

Kreativangebot

Material
Schwämme, unterschiedlich dicke und lange Äste, Zweige mit oder ohne Blätter und Blüten

Anleitung
Für die Schwammkunst stecken die Kinder die Stöcke in die Schwämme. Die Erzieherin kann diese Kunstschwämme auf ein großes Holzbrett kleben und so entsteht ein schöner, fühlbarer Wandschmuck.

Mit Fingerspielen Tiere kennenlernen

Für die Fingerspiele braucht die Erzieherin wieder keine besonderen Materialien oder Vorbereitungen. Die Handlungen ergeben sich oft direkt aus dem Text. Bei einigen Spielen stehen Ideen zur Umsetzung der Texte in Klammern.
Die Fingerspiele können als Vorbereitung für die Ausflüge in die Natur dienen. Sie können aber auch gespielt werden, nachdem das entsprechende Tier entdeckt und ausgiebig beobachtet worden ist.

Klaras Mäuse Klitzeklein

Fingerspiel

Klaras Mäuse klitzeklein
(mit den Fingern zappeln),
die wollen für immer Freunde sein
(die Hände zusammenlegen),
Sie stehen ganz still
(Hände stillhalten),
schauen hin und auch her
(Hände bewegen),
das Zappeln, das gefällt ihnen sehr
(Finger bewegen).

Sie laufen geschwind
(Hände hin und her bewegen)
und bleiben dann stehen
(Hände still halten),
sie haben etwas Schönes gesehen.
Sie laufen langsam nun nach Haus
(Finger langsam bewegen)
und ruhen sich dort lange aus
(Finger auf den Rücken legen).

Klaras Mäuse

Fingerspiel

Klaras Mäuse, die sind klein
(die Kinder zappeln mit ihren Fingern),
sie laufen in die Welt hinein
(Finger nach dem Text bewegen),
sie laufen schnell geradeaus,
ganz weit weg ist ihr Zuhaus.
Sie drehen sich um und laufen zurück,
sie sind nun zu Hause, oh, ein Glück.

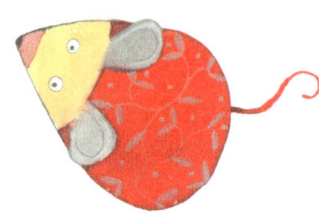

Aufbauimpulse

- Die Kinder suchen sich andere Laufwege (an der Wand, auf dem Stuhl etc.).
- Die Mäuse hinterlassen Fingerfarbspuren auf einen Blatt Papier.
- Das Fingerspiel wird zum Körperwahrnehmungsspiel.

Viele kleine Mäuse

Fingerspiellied *(Melodie: „Alle meine Entchen", Text: Ingrid Biermann)*

Viele kleine Mäuse
laufen hier und dort
(Finger nach dem Text bewegen),
laufen hier und dort,
laufen, laufen, laufen
und plötzlich sind sie fort
(die Kinder verstecken ihre Hände).

Die Käfer winzig klein

Fingerspiel

Die Käfer winzig klein
krabbeln in die Welt hinein
(mit den Fingern über den Körper krabbeln),
sie krabbeln ganz weit fort,
nach hier und da und dort
(beliebig über den Körper laufen).

Am Abend fressen sie sich satt
(auf einer Körperstelle stehen bleiben und mit den Fingerspitzen zappeln)
und schlafen unter einem Blatt
(die Finger zusammengeballt auf den Oberschenkel legen und mit der anderen Hand zudecken).

Aufbauimpulse

- Die Kinder suchen sich für das Fingerspiel neue Krabbelwege.
- Das Fingerspiel wird zum Fingerfarbspurenspiel.
- Das Fingerspiel kann als Körperspiel wahrgenommen werden.
- Aus dem Fingerspiel wird ein Bewegungsspiel.

Viele kleine Käfer

Lied *(Melodie „Alle meine Entchen", Text: Ingrid Biermann)*

Fingerfarbe, große Malblätter, Abdeckfolie

Material

Anleitung

Die Kinder werden in kleine Krabbelkäfer verwandelt. Sie singen das Lied und bewegen sich dazu. Anschließend nutzen sie die Materialien, um Spurenbilder herzustellen.

Viele kleine Käfer
fliegen hin und her,
fliegen hin und her,
fliegen immer wieder,
das mögen sie so sehr.

Viele kleine Käfer
krabbeln hin und her,
krabbeln hin und her,
krabbeln immer wieder,
das mögen sie so sehr.

Viele kleine Käfer
fliegen nun nach Haus,
fliegen nun nach Haus,
setzen sich ganz leise
und ruhen sich lang aus.

Der Regenwurm

Fingerspiel

Anleitung

Der Vers wird gesprochen und die Bewegungen entsprechend der Anweisungen durchgeführt. Der zweite Teil ist jedoch eher für ältere Kinder gedacht.

Der Regenwurm kriecht leis' und still,
weil er etwas entdecken will
(mit dem Zeigefinger über den Körper ziehen),
suchend kriecht er Stück für Stück
(weiter mit dem Finger über den Körper ziehen)
am Abend geht es dann zurück
(wieder über den Körper ziehen).

Er kriecht ins warme Erdloch rein
(mit dem Finger an einer Körperstelle bohrende Bewegungen machen)
rollt sich zusammen, macht sich klein
(mit dem Finger spiralförmige Drehungen machen)
und schläft und schläft die ganze Nacht
(den Finger ruhig auf einem Körperteil stehen lassen)
bis er am Morgen frisch erwacht
(langsam den Finger bewegen).

Aufbauimpulse

- Die Kinder suchen sich im Raum Kriechwege für das Fingerspiel.
- Aus dem Fingerspiel wird ein Fingerfarbspurentext.
- Aus dem Fingerspiel wird ein Körperwahrnehmungsspiel. Es kann mit dem Finger oder einem Pinsel gespielt und gespürt werden.
- Aus dem Fingerspiel wird ein Bewegungsspiel. Die Kinder kriechen entsprechend dem Text durch den Raum und zum Schluss schlüpfen alle unter ein grünes oder braunes Tuch.

Der Schmetterling

Fingerspiel

Der Schmetterling, er fliegt ganz leise
(die Kinder bewegen ihre Arme auf und ab)
macht eine lange, lange Reise
(die Arme bewegen).
Er ruht sich auf der Blume aus
(die Hände auf die Oberschenkel legen),
und fliegt dann ganz leis' nach Haus
(Hände auf und ab bewegen und auf den Rücken legen).

Aufbauimpulse

- Bewegungsspiel: Die Kinder laufen durch den Raum und ahmen das Fliegen nach.
- Spurenbild: Die Kinder nehmen zwei dicke Stifte in die Hand und bewegen diese zur Geschichte über ein Blatt Papier.
- Schmetterlingstanz: Die Erzieherin baut unterschiedliche Ebenen mit Bänken, Hockern, Matratzen oder Ähnlichem. Die Kinder bekommen in jede Hand ein dünnes Tuch und tanzen zu klassischer Musik durch den Raum. Wird die Musik gestoppt, dann „fliegen" sie auf die Bank, den Hocker oder die Matratzen. Zum Schluss setzen sie sich auf ihre bunten Tücher und ruhen sich aus.
- Entspannungsspiel auf dem Wickeltisch: Mit einem Chiffontuch wird das Kind leicht streifend berührt. Dabei kann das Fingerspiel, das Lied oder klassische Musik die leichte Tuchmassage unterstützen.

Bunte Schmetterlinge

Fingerspiellied *(Melodie: „Alle meine Entchen", Text: Ingrid Biermann)*

Bunte Schmetterlinge fliegen hier und dort,
fliegen hier und dort,
fliegen, fliegen, fliegen
und plötzlich sind sie fort
(in eine Ecke fliegen).

Die Schnecke

Fingerspiel

Ruhig und langsam, geradeaus
(mit der Handfläche über den Körper ziehen),
zieht die Schnecke mit ihrem Haus.
Sie hat Hunger, kriecht hin und her,
grüne Blätter mag sie sehr.
Auf der Wiese wird sie satt
und dann kriecht sie müd' und matt,
in ihr kleines Schneckenhaus
und ruht sich hier bis morgen aus
*(die Hand als Faust auf die Oberschenkel legen
und mit der anderen Hand zudecken)*.

Aufbauimpulse

- Das Fingerspiel wird zum Spurenbild.
- Das Fingerspiel wird zum Körperwahrnehmungsspiel.

Viele kleine Schnecken

Fingerspiellied *(Melodie: „Alle meine Entchen", Text: Ingrid Biermann)*

Viele kleine Schnecken
kriechen hier und dort
(mit der Handfläche über den Körper ziehen),
kriechen, kriechen, kriechen
und plötzlich sind sie fort
(die Hände werden versteckt).

Ameisen laufen

Fingerspiel

Ameisen laufen hin und her,
*(mit den Fingern über den eigenen
Körper laufen)*
Ameisen fällt das gar nicht schwer.
Ameisen laufen auf und ab,
Ameisen, die sind niemals schlapp.
Ameisen laufen rundherum,
Ameisen fallen müde um
(Hände auf die Oberschenkel legen).

- Das Fingerspiel wird auf dem Körper des Nebenmanns durchgeführt.
- Es wird an anderen Orten und Gegenständen im Raum gemacht.
- Es wird zum Spurentext oder zum Körperwahrnehmungsspiel.
- Es wird zum Bewegungsspiel: Die Kinder sind die Ameisen und der Text wird gesprochen.

Aufbauimpulse

Die Ameisen, die laufen

Fingerspiellied *(Melodie: „Alle meine Entchen", Text: Ingrid Biermann)*

Die Ameisen, die laufen,
laufen hier und dort,
laufen hier und dort,
laufen, laufen, laufen
und plötzlich sind sie fort
(in eine Ecken laufen).

Ameisen große und kleine

Fingerspiel

Ameisen große und kleine
*(mit den Fingern in der Luft zappeln,
Finger laufen dann jeweils zum im Text erwähnten Körperteil)*
die laufen nun auf meine Beine,
sie laufen nun auf meinen Bauch,
auf die Schultern wollen sie auch.
Sie laufen fröhlich und ganz munter
am Arm hinauf, am anderen runter.
Sie laufen nun geschwind nach Haus
und ruhen sich dort lange aus
(vom Körper laufen und die Hände auf den Rücken legen).

Aus dem Fingerspiel wird ein Körperspiel für den Wickeltisch. Dann wird das Pronomen „mein" durch „dein" ersetzt.

Aufbauimpulse

Tierisch gute Bewegungslieder und -spiele

Über die Bewegungslieder und -spiele lernen die Kinder Tiere und deren Bewegungen kennen. Die Angebote sind mit wenig Material umzusetzen. Sie können auch bei einer Pause im Wald oder auf der Wiese gespielt werden.

Zehn kleine Mäusekinder

Bewegungslied *(Melodie: „Zehn kleine Negerlein", Text: Ingrid Biermann)*

Material

braunes Tuch

Anleitung

Die Kinder sitzen unter oder auf einem braunen Tuch. Sie bewegen sich dem Text entsprechend.

Lied

Zehn kleine Mäusekinder, die sind nicht allein,
sie laufen hin und laufen her und wollen Freunde sein.
*(diese Strophe wird mehrmals hintereinander laut oder leise,
schnell oder langsam gesungen).*
Zehn kleine Mäusekinder stehen nun ganz still,
(Kinder stehen still),
dann laufen sie geschwind nach Haus,
weil jedes schlafen will
(die Kinder laufen zu ihren Sammelplatz und ruhen sich dort aus).

Aufbauimpulse

- Der Text kann zum Fingerspiel werden. Die Kinder suchen sich andere Laufwege.
- Es wird eine Krabbellandschaft aus Teppichfliesen, Kissen, mit Wasser gefüllten Wärmflaschen, Zeitungspapier, Handtüchern oder Fußmatten gebaut. Die Kinder laufen barfuß und singen das Lied.
- Ein Spurenbild wird erstellt.

Kleine Maus, komm, tanz mit mir

Spiellied *(Melodie: „Brüderchen, komm, tanz mit mir", Text: Ingrid Biermann)*

Die Kinder können sich nach jeder Strophe einen neuen Spielpartner suchen. Alternativ singen sie das Lied alle gemeinsam, die Bewegungen führt jedoch jeder für sich aus.

Anleitung

Lied

Kleine Maus, komm, tanz mit mir,
ich tanze heute gern mit dir,
ach, wie fein, ach, wie fein,
komm wir wollen Freunde sein
(die Kinder drehen sich im Kreis).

Kleine Maus, komm, stampf mit mir,
ich stampfe heute gern mit dir,
ach, wie fein, ach, wie fein,
komm wir wollen Freunde sein
(die Kinder stampfen mit den Füßen).

Kleine Maus, komm, lauf mit mir,
ich laufe heute gern mit dir,
ach wie fein, ach wie fein,
komm wir wollen Freunde sein
(die Kinder laufen durch den Raum).

Kleine Maus, komm ruh' mit mir,
ich ruhe heute gern mit dir,
ach, wie fein, ach, wie fein,
komm wir wollen Freunde sein
(die Kinder ruhen sich zu zweit oder gemeinsam auf einer Wiese aus).

Die Maus, die sitzt auf einem Stein

Bewegungsvers

Anleitung

Ein Kind sitzt auf einem Hocker und spielt die Maus. Die anderen Kinder verstecken oder verteilen sich im Raum. Sie spielen auch Mäuse und bewegen sich entsprechend dem Text. Bei einer Wiederholung des Spiels kann ein anderes Kind die Maus auf dem Stein spielen.

Vers

Die Maus, die sitzt auf einem Stein,
sie schaut herum, ist nicht allein.
Viele Mäuse sieht die Maus
und alle krabbeln froh hinaus
(alle Mäuse krabbeln durch den Raum).
Sie krabbeln über Stock und Stein
in die bunte Welt hinein.
Am Abend krabbeln sie nach Haus
(Kinder krabbeln zurück auf ihren Platz),
dort ruhen sie sich lange aus
(die Kinder legen sich hin und ruhen sich aus).

Aufbauimpulse

- Das Spiel wird ein Körperwahrnehmungsspiel.
- Der Text kann als Spurenbild dargestellt werden.

Es waren einmal ...

Bewegungsgeschichte

Material

Kartons, Hocker, Bänke, Tücher, Kisten, Tisch, der mit einem braunen Tuch abgedeckt ist, Triangel oder Klangschale

Vorbereitung

Es wird eine Kletter-, Kriech- und Krabbellandschaft gebaut. In der Mitte steht der abgedeckte Tisch, er steht für das Mauseloch. Die Erzieherin hält eine Triangel oder Klangschale bereit.

Geschichte

Es waren einmal zehn kleine Mäusekinder. Sie wohnten in einem warmen Mauseloch *(die Kinder sitzen unter dem Tisch)*. Wenn die Sonnenstrahlen sie weckten *(Triangel oder Klangschale anschlagen)*, wachten die Mäuse auf und gingen auf Futtersuche *(durch den Raum krabbeln und dabei die Hindernisse in den Krabbelweg einbauen)*. Überall krabbelten, kletterten und sprangen sie herum. Nach vielen Stunden waren sie satt und ganz müde. Die Mäuse liefen in ihr Mauseloch *(die Kinder krabbeln unter den Tisch)* und schliefen dort sofort ein.

Der Schmetterling

Spiellied *(Melodie „Die Fröschelein", Text: Ingrid Biermann)*

Material

grüne Decke, Chiffontuch für jedes Kind

Anleitung

Die Kinder sitzen auf einer grünen Decke. Sie bekommen in jede Hand ein Chiffontuch und der Text wird getanzt. Die Strophe kann beliebig oft wiederholt werden.

Lied

Der Schmet-ter-ling, der Schmet-ter-ling, der fliegt froh hin und her, der Schmet-ter-ling, der Schmet-ter-ling, der mag das Flie-gen sehr. Froh hin und her, froh hin und her und auch mal rund-her-um, froh hin und her, froh hin und her und plötz-lich kehrt er um.

Aufbauimpuls

Das Lied wird laut oder leise, langsamer oder schneller gesungen.

Hase Hüpf

Bewegungsvers

Hase Hüpf, der sitzt im Grase
und bewegt dabei die Nase.
(die Kinder bewegen sich wie die Hasen).
Schaut umher und hüpft geschwind,
so wie ein kleines Hasenkind.
Hüpft und hüpft dann schnell nach Haus,
denn sein Ausflug ist nun aus.

Aufbauimpulse

- Die Kinder können sich hüpfend wie ein Hase bzw. je nach Alter mit einem Hüpfball fortbewegen.
- Spurenhüpfspiel: Mit nackten bemalten Füßen und Händen hüpfen die Kinder über ein Blatt Papier.
- Die Erzieherin kann eine Hüpflandschaft aus Teppichfliesen, Zeitungspapier, Kissen oder Wärmflaschen aufbauen.
- Aus dem Text wird ein Körperwahrnehmungsspiel.

Mitmachgeschichten: Hüpf, Krabbel und Kriech

Bei den folgenden Mitmachgeschichten sind die Inhalte gleich, nur die Figuren und ihre entsprechenden Tätigkeiten ändern sich. Je nach Alter und Fähigkeit der Kinder können Sie sie bei der Umsetzung unterstützen, indem Sie während des Geschichtenerzählens mitspielen. Die Kinder erkennen die Geschichte und fühlen sich sicher. So wird die Spiel- und Mitmachfreude unterstützt.

Tisch, braunes und grünes Tuch

Material

Familie Hüpf

Mitmachgeschichte

Die Kinder spielen die Hasen entsprechend der Handlungen im Text. Sie sitzen unter einem Tisch, der mit einem braunen Tuch abgedeckt ist. Der Platz symbolisiert den Hasenbau.

Anleitung

Es ist ein wunderschöner Tag und Familie Hüpf will einen Ausflug machen. Ein Hase nach dem anderen hüpft aus dem Bau, um auf der Wiese sein Frühstück zu suchen. Sie knabbern an Gräsern, an Blättern und Blumen. Manchmal sitzen sie ganz ruhig da und schauen hin und her. Nach der kurzen Pause hüpfen sie erneut los und knabbern an Gräsern, Blättern und Blumen. Erst nach vielen Stunden hüpfen sie in ihren Bau zurück und schlafen satt und zufrieden ein *(jedes Kinder hüpft unter den Tisch)*.

Geschichte

Familie Krabbel

Mitmachgeschichte

Die Kinder spielen die Käfer und führen die Handlungen wie in der Geschichte aus. Sie sitzen unter einem Tisch, der mit einem grünen Tuch abgedeckt ist. Das grüne Tuch symbolisiert einen Blätterhaufen, der den Lebensraum der Käfer darstellen soll.

Anleitung

Es ist ein wunderschöner Tag und Familie Krabbel will einen Ausflug machen. Ein Käfer nach dem anderen krabbelt aus dem Blätterhaus, um auf der Wiese sein Frühstück zu suchen. Sie knabbern an Gräsern, Blättern und Blumen. Manchmal sitzen sie ganz ruhig da und schauen hin und her. Nach einer kurzen Pause krabbeln sie erneut los und knabbern an Gräsern, Blättern und Blumen. Erst nach vielen Stunden krabbeln sie in ihr Blätterhaus zurück und schlafen satt und zufrieden ein *(jedes Kind krabbelt unter den Tisch)*.

Familie Kriech

Mitmachgeschichte

Die Kinder spielen die Schnecken und sitzen zu Beginn der Geschichte unter einem Tisch, der mit einem grünen Tuch abgedeckt ist und den Lebensraum und Rückzugsort der Schnecken darstellen soll. Während die Erzieherin die Geschichte erzählt, stellen die Kinder (bei Bedarf mit Unterstützung) die Handlung dar.

Es ist ein wunderschöner Tag und Familie Kriech will einen Ausflug machen. Eine Schnecke nach der anderen kriecht aus dem Blätterhaus, um auf der Wiese ihr Frühstück zu suchen. Sie knabbern an Gräsern, Blättern und Blumen. Manchmal sitzen sie ganz ruhig da und schauen hin und her. Nach einer kurzen Pause kriechen sie erneut los und knabbern an Gräsern, Blättern und Blumen. Erst nach vielen Stunden kriechen sie in ihr Blätterhaus zurück. Dort schlafen sie satt und zufrieden ein.

- Diese Mitmachgeschichten können auch hintereinander erzählt werden. Dann schlüpfen die Kinder jeweils in eine andere Rolle.
- Der Text kann für Spurenbilder genutzt werden.
- Der Text wird auf dem Körper gespielt.

Einstiegsgeschichte: Klara und die Wetterkinder

Einführung

Der erste Eindruck, wenn man vor die Tür tritt, ist oft davon geprägt, ob es regnet, ob es windet oder ob die Sonne scheint. Regen, Wind und Sonne lassen Menschen, Tiere und Pflanzen gedeihen, wachsen und sich entwickeln. Die Erkenntnis über die Bedeutung dieser Naturelemente ist in den Naturwissenschaften eine altbekannte Tatsache. Es ist wichtig, auch Kinder schon früh an dieses Wissen heranzuführen, denn sie sollen später verantwortungsvoll mit der Natur und ihren Ressourcen umgehen. Kinder lieben es, Sonne, Regen und Wind hautnah zu spüren. Sie bewegen sich gern an der frischen Luft. Es gibt für die Krippenkinder kein interessanteres Umfeld als die Natur.

Material

Klara, Mäusekinder, Sonnenkissen, Holzkiste, Schale mit Beeren

Einstieg

Die Sonnenkissen, die zu Beginn der Entdeckungsreise hergestellt wurden, werden erwärmt und dann in der Holzkiste versteckt. Diese steht in der Erzählkreismitte. Die Schale mit Beeren wird dazugestellt. Zunächst singen die Kinder mit Klara das Begrüßungslied „Wir kommen heut' zusammen". Danach erzählt die Erzieherin den Kindern die Klarageschichte.

Geschichte

Klaras Kinder sind jeden Tag auf ihrer Spielwiese egal, ob es regnet, die Sonne scheint oder windig ist. Sie lieben die Sonne, denn sie wärmt ihr Fell. Der Wind pustet durch ihr Fell und der Regen macht ihr Fell sauber, so wie bei einer Dusche. Heute aber ist ein ganz merkwürdiges Wetter. Als sie nach draußen gehen, scheint die Sonne und wenig später wird es plötzlich ganz windig. Dann regnet es auf einmal wieder. Pitschnass laufen die kleinen Mäuse unter einen dichten Strauch und schauen in den Regen. Als es aufgehört hat und wieder die Sonne scheint, flitzen sie auf die Wiese. Die Sonne macht ihr Fell schnell wieder trocknen. Der Wind hilft dabei und pustet in ihr Fell. Nun spielen sie den ganzen Nachmittag in der Sonne. Am Abend essen sie Beeren und legen sich mit ihrem warmen Fell in ihre weichen Mäusenester.

Schluss

Die Kinder durchsuchen die Kiste und bekommen ein warmes Sonnenkissen. Die Kinder können ihre Wangen, Arme, ihre Beine oder ihren Kopf damit wärmen. Dazu können sie das Lied „Meine kleine Sonne" singen und zum Abschluss die Beeren verspeisen.

Meine kleine Sonne

Spiellied *(Melodie: „Alle meine Entchen", Text: Ingrid Biermann)*

Anleitung

Die Kinder halten ihre warmen Sonnenkissen in der Hand. Sie singen vor jeder Strophe den Refrain und führen dann dem Liedtext entsprechend die Bewegungen aus.

Lied

Meine kleine Sonne,
ja, die ist ganz warm,
ja, die ist ganz warm.

Ich leg' sie auf die Hände
und auch auf meinen Arm.

Ich leg' sie auf die Beine
und auch auf meinen Arm.

Ich leg' sie auf die Schultern
und auch auf meinen Arm.

Ich leg' sie auf das Bäuchlein
und auch auf meinen Arm.

Variation

Das Kind liegt auf dem Wickeltisch oder im Bettchen, mehrere kleine warme Sonnenkissen liegen auf dem Körper des Kindes. Die Erzieherin kann hier beim bewegungsbegleitenden Singen den Liedtext abwandeln, indem sie das Kind direkt anspricht („deine/n" anstatt „meine/n").

Finger- und Bewegungsspiele mit Regen, Sonne und Wind

Ganz einfach, gut anschaulich und erfahrbar vermitteln die Finger- und Bewegungsspiele das Wetter in Form von Regen, Sonne und Wind. Wählen Sie die passenden Impulse für Ihre Gruppe aus.

Regentropfen

Fingerspiel

je einen Stuhl oder Hocker für jedes Kind

Material

Die Kinder knien sich hinter einen Stuhl oder Hocker und spielen den Text mit den Fingerkuppen darauf.

Anleitung

Regentropfen, Regentropfen,
können laut und leise klopfen
(mit den Fingerkuppen laut und leise klopfen),
fließen langsam
(langsame Fließbewegungen machen),
fließen schnell
(schnelle Fließbewegungen machen),
fallen mal auf eine Stell'
(auf einer Stelle klopfen),
liegen still und ruh'n sich aus
(Hände auf den Stuhl oder Hocker legen),
die Sonne holt sie nun nach Haus
(Hände hinter den Rücken legen).

Vers

Die Kinder suchen sich im Raum weitere Klopfquellen (z. B. den Fußboden, die Wand, die Tür und auch den Körper).

Variation

- Die Kinder bekommen kleine Holzlöffel, Löffel oder Dosen. Sie sprechen und begleiten mit diesen erneut den Text.
- Es werden große Malblätter auf den Boden, an die Wand, an die Tür oder auf den Tisch geklebt. Die Kinder zeichnen mit Fingerfarbe zum Text. Dabei hinterlassen sie Spuren auf den Blättern.

Aufbauimpulse

- Die Kinder hinterlassen passend zum Text Spuren mit Rasierschaum auf Spiegeln oder am Fenster.
- Körpererfahrungsspiel: Sie hinterlassen Spuren an ihrem Körper.
- Massagespiel: Die Erzieherin spricht und spielt dieses Fingerspiel auf dem Wickeltisch. Dazu kann sie Creme, Wattebällchen oder auch die Hand benutzen.

Sonnenstrahlen streicheln dich

Fingerspiel

Anleitung

Die Bewegungen werden auf dem Körper des Kindes gemacht und eignen sich gut als Wickelgeschenk. Das Fingerspiel kann mehrmals wiederholt werden. Dabei werden die Finger immer wieder auf eine andere Körperstelle gelegt.

Vers

Sonnenstrahlen streicheln dich,
(leicht mit den Fingern über den Körper streichen),
Sonnenstrahlen wärmen dich
(die Hände auf einen Teil des Körpers legen).
Sonnenstrahlen zieh'n nach Haus
(mit den Fingern über den Rücken ziehen),
ihre Reise ist nun aus
(Hände vom Körper ziehen).

Ich bin die warme Sonne

Fingerspiellied *(Melodie: „Ich bin ein dicker Tanzbär", Text: Ingrid Biermann)*

Ich bin die warme Sonne
und schein' den ganzen Tag
(zwei Kinder stehen sich gegenüber und heben ihre Hände in die Luft).
Ich schenk dir meine Wärme,
weil ich das gerne mag
(die Kinder legen ihre Hände auf ein Körperteil des anderen Kindes).
Nehme dich in meinen Arm,
mache dich ganz mollig warm
(die Kinder umarmen sich).
Schenk dir meine Wärme,
weil ich dich mag.
Schenk dir meine Wärme,
weil ich dich mag.

Vers

- Aus dem Fingerspiellied wird ein Bewegungslied: Die Kinder gehen mit ausgebreiteten Armen durch den Raum. Bei der Zeile „Ich schenk dir meine Wärme" reichen sie sich die Hände. Bei der Zeile „Nehme dich in meinen Arm" umarmen sie sich.
- Das Lied wird laut und leise gesungen.

Aufbauimpulse

Der Wind, der Wind er bläst geschwind

Bewegungsvers

Material

Fliegenklatsche, Schale mit Äpfeln oder Pflaumen

Anleitung

Die Erzieherin spielt den Zauberwind. Sie wedelt (z.B. mit einer Fliegenklatsche), den Kindern spürbaren Wind zu. Die Kinder stellen die Bäume auf der Wiese dar. Sie werden entsprechend dem Text in Blätter, Äpfel oder Ähnliches verwandelt. Die Bewegungen der Blätter oder Äpfel übernehmen die Kinder, sie drehen sich und lassen sich auf den Boden fallen. Zusätzlich zu den vorgeschlagenen Strophen können sich die Kinder noch weitere Strophen ausdenken. Äpfel oder Pflaumen stehen bereit und können zum Abschluss gemeinsam gegessen werden.

Vers

Der Wind, der Wind,
er bläst geschwind.
Er bläst und wirft ganz munter,
die Blätter von dem Baum herunter.
Sie drehen sich und fallen um,
plötzlich ist der Wind ganz stumm.

Der Wind, der Wind,
er bläst geschwind.
Er bläst und wirft ganz munter,
die Äpfel von dem Baum herunter.
Sie drehen sich und fallen um,
plötzlich ist der Wind ganz stumm.

Der Wind, der Wind,
er bläst geschwind.
Er bläst und wirft ganz munter,
die Pflaumen von dem Baum
herunter.
Sie drehen sich und fallen um,
plötzlich ist der Wind ganz stumm.

Aufbauimpulse

- Pustespiele mit Watte, Farbklecksen, Nüssen, Papier oder Korken lassen die Kinder erfahren, welche Kraft der Wind aufbringt, um leichte und schwere Materialien von der Stelle zu bewegen.
- Die Kinder erzeugen Wind mit Strohhalmen, Untersetzern oder Folienpapier und versuchen, die oben genannten Materialien von der Stelle zu bewegen.
- Die Kinder beobachten Bewegungen von Gegenständen, die von einem Föhn angeblasen werden.

Sonne, Wind und Regen

Bewegungslied *(Melodie: „Alle meine Entchen", Text: Ingrid Biermann)*

drei Tücher, Badetücher oder Decken in den Farben Gelb, Grau und Blau

Material

Auf dem Boden liegen drei Tücher, die die Sonne (gelb), den Wind (grau) und den Regen (blau) symbolisieren. Die Kinder setzen sich auf ein Tuch und nehmen so die Rolle der Sonne, des Windes oder des Regens ein. Die Erzieherin singt das Wetterlied und die Kinder bewegen sich entsprechend dem Text. Bei einem erneuten Durchgang können die Kinder in neue Rollen schlüpfen und das Lied wird wieder von Anfang gesungen.

Anleitung

Sonne, Wind und Regen
sitzen in dem Haus,
sitzen in dem Haus,
sie sitzen dort ganz leise
und ruhen sich noch aus.

Vers

Sonne, Wind und Regen,
wirbeln wild herum,
wirbeln wild herum
ziehen nun nach Hause,
fallen müde um.

Sonne, Wind und Regen,
tanzen froh im Kreis,
tanzen froh im Kreis,
legen sich nun schlafen,
am Himmel ist es leis'.

Finger- und Bewegungsspiele mit Regen, Sonne und Wind

Regentropfen tanzen

Bewegungslied *(Melodie: „Alle meine Entchen", Text: Ingrid Biermann)*

Material

für jedes Kind eine blaue Serviette, ein großes blaues Tuch

Anleitung

Die Bewegungen werden entsprechend dem Text durchgeführt. Die Kinder sitzen auf einem blauen Tuch und halten in jeder Hand eine blaue Serviette als Symbol für Regentropfen. Am Ende jeder Strophe legen sich die Kinder auf den Boden.

Lied

Regentropfen tanzen,
tanzen hin und her,
tanzen hin und her,
legen sich zum Schlafen,
wollen nun nicht mehr.

Regentropfen tanzen,
tanzen auf ab,
tanzen auf ab,
legen sich zum Schlafen,
sind müde und ganz schlapp.

Regentropfen drehen,
drehen rundherum,
drehen rundherum,
legen sich zum Schlafen
und fallen langsam um.

Aufbauimpulse

- Die Regentropfen können ersetzt werden durch Sonnenstrahlen. Dann liegen die Kinder auf einem gelben Tuch und tanzen mit gelben Servietten.
- Wenn der Wind eingebaut werden soll, so muss der Text etwas stärker verändert werden.

Viele kleine Sonnenstrahlen

Bewegungslied *(Melodie „Zehn kleine Negerlein", Text: Ingrid Biermann)*

großes gelbes Tuch, gelbe Servietten oder Strohhalme, Zauberstab

Material

Das gelbe Tuch liegt in der Mitte. Es symbolisiert die Sonne. Die Kinder halten in jeder Hand einen gelben Strohhalm oder eine gelbe Serviette. Die Kinder sitzen auf dem Tuch und werden mit einem kleinen Zauberstab in Sonnenkinder verwandelt, die ihre Strahlen tanzen lassen. Sollte es den Kindern schwerfallen mit dem Strohhalm oder der Serviette in der Hand zu tanzen, dann tanzen sie ohne Hilfsmittel. Nach der letzten Strophe legen sich die Kinder auf das gelbe Tuch.

Anleitung

Viele kleine Sonnenstrahlen tanzen durch den Raum,
mal hin und her, mal hin und her, man hört sie dabei kaum.

Lied

Viele kleine Sonnenstrahlen tanzen durch den Raum,
mal auf und ab, mal auf und ab, man hört sie dabei kaum.

Viele kleine Sonnenstrahlen tanzen durch den Raum,
mal rundherum, mal rundherum, man hört sie dabei kaum.

Viele kleine Sonnenstrahlen tanzen durch den Raum,
sie legen sich zum Schlafen hin, man hört sie dabei kaum.

Das Wetter in vier Mitmachgeschichten

Gemeinsam mit Klara können die Kinder die einzelnen Wettersituationen erfahren und spielen.

Die Freunde

Mitmachgeschichte

Material

vier Tücher, Badetücher oder Decken in den Farben Gelb, Grau, Blau und Weiß

Anleitung

Drei Tücher liegen auf dem Boden. Ein weißes Tuch liegt in der Mitte. Weiß symbolisiert die Wolke, das gelbe Tuch wieder die Sonne, das graue den Wind und das blaue den Regen. Die Kinder sitzen zunächst auf dem weißen Tuch und hören der Geschichte zu. Wird ein Element genannt, so laufen die Kinder auf das entsprechende Tuch. Dort bleiben sie so lange, bis ein anderes Element genannt wird. Die Erzieherin spielt mit und unterstützt die Kinder beim Finden der richtigen Farbtücher. Zum Schluss legen sich die Kinder wieder auf das weiße Tuch.

Geschichte

Es war einmal eine Wolke, die hatte drei Freunde, die SONNE, den WIND und den REGEN. SONNE, WIND und REGEN waren den ganzen Tag über sehr fleißig. Die SONNE schenkte den Menschen, Tieren und Pflanzen auf der Erde ihre Wärme. Der WIND schenkte den Menschen, Tieren und Pflanzen auf der Erde Kühlung. Der REGEN schenkte den Menschen, Tieren und Pflanzen auf der Erde das Wasser. Von früh bis spät machten sie ihre Arbeit. Abends waren SONNE, WIND und REGEN so müde, dass sie, wenn sie wieder auf ihrer Wolke waren, sofort einschliefen.

- Materialerfahrungsspiel: Die Kinder liegen auf dem Boden. In einem Korb liegen das Sonnenkissen, eine Pipette mit Wasser und eine Fliegenklatsche, die jeweils die Sonne, den Regen und den Wind symbolisieren sollen. Die Erzieherin erzählt die Geschichte und schenkt jedem Kind bei dem entsprechenden Naturelement den passenden Fühlimpuls. Sie kann das Spiel verkürzen, indem sie die Kinder nur einen Impuls spüren lässt und die anderen nur benennt.
- Bewegungslied: Das Bewegungslied „Sonne, Wind und Regen" kann auch hier wieder eingesetzt werden.

Aufbauimpulse

Ein Regentag

Klarageschichte

Klara, Mäusekinder, großes blaues Tuch, blauer Sack, blaue Luftballons

Material

Die Kinder sitzen auf einem großen blauen Tuch. Die Erzieherin lässt aus einem blauen Sack blaue Luftballons fallen. Diese symbolisieren die Regentropfen. Jedes Kind holt sich einen und experimentiert mit ihm. Danach hält es den Tropfen fest in der Hand. Die Erzieherin erklärt den Kindern, dass sie ihnen eine Klarageschichte erzählt. Bei dem Wort „Regentropfen" sollen die Kinder ihren Tropfen, den Ballon, kurz in die Luft werfen oder sie legen ihn auf den Boden und treten einmal davor.

Anleitung

Heute ist ein nasser Tag. Klara und ihre Kinder können nicht nach draußen, denn dicke REGENTROPFEN haben die Wiese pitschnass gemacht. Schon ganz früh am Morgen ist Klara von dem Klopfen der REGENTROPFEN wach geworden. Kurze Zeit später hört sie ihre Kleinen. Auch sie sind von den REGENTROPFEN wach geworden. Als Klara in ihre Zimmer kommt, sind sie nicht da. Wo stecken sie nur? Klara sucht ihre Kleinen und als sie durch das Mauseloch schaut, sieht sie, wie ihre Kinder draußen spielen. Dicke REGENTROPFEN machen sie pitschnass. „Kommt schnell wieder herein, ihr nassen Mäusekinder!", ruft Klara, denn ihre Mäuse sind jetzt selbst dicke REGENTROPFEN. Im Bad rütteln und schütteln sie sich und trocknen sich ab. Ja, und dann gibt es Frühstück. Sie sind dabei ganz leise, denn sie hören immer noch die dicken REGENTROPFEN. Nach dem Essen legen sich alle Mäuse schlafen und sie träumen von diesem schönen Tag.

Geschichte

Aufbauimpulse

- Die Kinder halten ein großes weißes Tuch, das wieder die Wolke symbolisiert. Darauf liegen die Regentropfen. Bei dem Wort „Regentropfen" bewegen sie das Tuch und die Regentropfen springen auf und ab.
- Die Kinder sitzen auf der Wolke und die Erzieherin träufelt ihnen mit einer Pipette bei jedem Wort einen Tropfen in die Hand.
- Die Kinder pusten bei dem Wort „Regentropfen" blauen Wattebällchen vorwärts.
- Bewegungslied: Die Kinder sind Regentropfen und singen und tanzen das Lied „Regentropfen tanzen".
- Klingende Wassertropfen: Es können viele blaue Luftballons mit Glöckchen, Erbsen oder Reis gefüllt werden. Sie dienen als Spielimpuls im Freispiel.
- Wackelnde Regentropfen: Kleine Ballons werden mit Wasser befüllt und fest verknotet. Diese werden in größere und festere blaue Luftballons gesteckt, dabei kann eine Kollegin helfen. Die großen Ballons werden ebenfalls aufgeblasen und fest verknotet. So entsteht ein interessanter wackeliger Wassertropfen.

Hinweis

Es gibt in Spielzeugläden etwas größere und festere Luftballons. Am besten wird der große Ballon vor dem Füllen einmal aufgeblasen und dann die Luft wieder herausgelassen. So lässt sich der Wasserballon besser einstecken.

Ein Sonnentag

Klarageschichte

Material

Klara, Mäusekinder, großes gelbes Tuch, gelber Beutel mit gelben, langen Strohhalmen

Anleitung

Die Kinder sitzen auf einem gelben Tuch. Die Erzieherin holt aus einem gelben Beutel verschieden lange, gelbe Strohhalme und erklärt, dass diese Halme Sonnenstrahlen sind. Sie wirft sie in den Raum. Sie erzählt, den Kindern eine Klarageschichte. Bei dem Wort „Sonnenstrahlen", holen sie sich einen Strahl und setzen sich dann wieder auf das Tuch. Zum Abschluss legen sie sich hin.

Einfarbige Beutel lassen sich schnell aus einfarbigen Handtüchern nähen.

Hinweis

Geschichte

Heute ist ein warmer Sonnentag. Klara und ihre Kinder können wunderbar draußen spielen. Sie wollen den ganzen Tag draußen bleiben, um die SONNENSTRAHLEN zu genießen. Klara mag die wunderschönen, warmen SONNENSTRAHLEN, denn sie wärmen ihr Fell und das tut gut. Auch die kleinen Mäuse lieben die SONNENSTRAHLEN. Sie machen die Mäuse ganz fröhlich und laden sie zum Spielen ein. Die Mäuse fangen dann immer die SONNENSTRAHLEN. Am Abend, als alle Mäuse müde in ihren Betten liegen, streichelt Klara sie noch mit den SONNENSTRAHLEN. Das haben die Mäuse sehr gerne, warm und zufrieden schlafen sie ein.

Aufbauimpulse

- Ein Kind legt sich auf das gelbe Tuch und alle Kinder streichen sanft mit ihren Strahlen über den Körper des Kindes. Dieses Spiel kann so oft getauscht werden, bis alle Kinder eine Massage bekommen haben. Dazu kann die Erzieherin ruhige Entspannungsmusik laufen lassen.
- Spurenbild: Die Kinder bekommen gelbe Fingerfarbe auf ein Blatt und mit ihrem Sonnenstrahl, etwa ein gelber Strohhalm, machen sie Spuren auf das Blatt.
- Auf dem Wickeltisch kann das einzelne Kind eine Sonnenstrahlenmassage bekommen. Dazu erzählt die Erzieherin die Geschichte, im Hintergrund spielt ruhige Musik.
- Die Kinder werden in Sonnenstrahlen verzaubert und tanzen mit ihrem Strahl nach klassischer Musik durch den Raum.
- Bewegungslied: Das bekannte Lied „Viele kleine Sonnenstrahlen" kann eingesetzt werden.
- Rasselnde Sonnenstrahlen: Dazu kann man Tabletten- oder Vitaminröhrchen sammeln. Diese werden mit gelbem Klebeband umwickelt und mit Reis, Erbsen oder Bohnen befüllt. Um rasselnde Sonnen herzustellen, nimmt man runde Cremedosen, die gefüllt und gelb verpackt werden. Klingende Sonnen stellt man mit gelben Luftballons her, die mit Glöckchen gefüllt werden.

Ein Windtag

Klarageschichte

graues Tuch, graue Stofftücher oder Servietten

Die Kinder sitzen auf einem grauen Tuch: Die Erzieherin holt aus einem grauen Beutel graue Stofftücher oder graue Servietten, die den Wind symbolisieren. Mit diesen Tüchern können die Kinder Wind erzeugen. Die Kinder bekommen in jede Hand ein Tuch und können zunächst frei damit spielen. Die Erzieherin lädt die Kinder wieder zu einer Klarageschichte ein und bei dem Wort „Wind" laufen sie mit den Tüchern durch den Raum und lassen sie flattern. Erzählt sie weiter, bleiben sie stehen und bei der nächsten Erwähnung laufen sie wieder los. Zum Abschluss legen sich die Kinder auf das Tuch.

Heute ist ein kühler Tag. Über die Wiese fegt ein heftiger WIND. Doch die kleinen Mäuse haben Freude an dem WIND. Die Mäuse sammeln große und kleine Blätter und, hui, fliegen sie im WIND. Immer wieder sammeln sie Blätter und, hui, fliegen sie im WIND. Auch das Fell der kleinen Mäuse tanzt im WIND. Den ganzen Tag spielen sie im WIND. Am späten Nachmittag holt Klara ihre Kinder ins Haus: „Kinder, kommt herein, lasst den WIND mit sich selbst spielen!" Müde vom vielen Laufen schlafen die kleinen Mäuse ganz schnell ein.

Die besonderen Freispieltipps

Intensive Lernerfahrungen machen die unter Dreijährigen im freien Spiel. Hier finden Sie Freispielangebote, die für viel Bewegung und Freude sorgen.

Die Sonne-, Wind- und Regenspielwanne

Aktionsangebot

Material

eine große Wanne oder ein Weiden-korb, gelbe, graue und blaue Tücher aus unterschiedlichen Stoffen

Anleitung

Die Kinder experimentieren und spie-len mit den Tüchern. Durch die unter-schiedlichen Materialien sammeln die Kinder wichtige taktile Erfahrungen. In dem aktiven Lernprozess erweitern sie ihren Wortschatz, denn Adjektive wie rauh, glatt, weich oder hart werden spielerisch „ergriffen".

Variation

Ein Planschbecken wird mit kleinen, leicht aufgeblasenen Luft-ballons gefüllt, mal mit blauen, dann ist es die Regenwanne, mal mit gelben, dann ist es die Sonnenwanne, mal mit grauen Luftballons, dann ist es die Windwanne. Die Kinder können sich hineinsetzen. Die Ballons können auch gefüllt werden, etwa mit Erbsen, Glöckchen oder Reis. So werden es klin-gende Regen-, Wind- oder Sonnentropfen.

Bewegungseinheit mit kunterbunten Wettertropfen

Aktionssangebot

Material

viele gelbe, blaue und graue (oder weiße) Luftballons (die Farben stehen für Sonne, Regen und Wind), drei große Kartons oder Kisten, spielerweiternde Materialien wie Fliegenklatschen, Eimer, Hocker, Pappteller, Plastikteller oder große Holzlöffel

Anleitung

Die Erzieherin verteilt die aufgeblasenen Luftballons im Raum und stellt die Kartons oder Kisten bereit. Es können auch gefüllte Luftballons, die durch die Füllung etwas schwerer und unberechenbarer werden, zur Verfügung gestellt werden. Die Erzieherin legt spielerweiternde Materialien bereit.
Die Kinder spielen frei mit den Wettertropfen, also den Luftballons, und den anderen Materialien. Die Dauer der freien Spielphase bestimmen die Kinder.

Tropfenmassage: Die Erzieherin kann die leicht aufgeblasenen oder mit warmem Wasser gefüllten Luftballons über den Rücken des Kindes hüpfen lassen. Dazu spielt im Hintergrund Entspannungsmusik.

Aufbauimpuls

Bewegungsspiele mit Ballons

Aktionsangebot

Wettertropfen in Form von vielen gelben, blauen und grauen (oder weißen) Luftballons (die Farben stehen für Sonne, Regen und Wind), Kartons, Musik, Papp- oder Plastikteller, Holzlöffel, Fliegenklatsche, CD-Spieler, klassische oder Marschmusik

Material

Spiele

- Reaktionsspiel: Tropfen sammeln: Die Kinder laufen nach Marschmusik oder klassischer Musik durch den Raum. Wird die Musik angehalten, so holen sich die Kinder einen Wettertropfen, einen Luftballon, und bringen diesen in einen Karton. Das Spiel ist zu Ende, wenn alle Tropfen eingesammelt wurden.

- Pustetropfen: Die Tropfen liegen an einer Startlinie und sollen zu einem benannten Zielort gepustet werden.

- Tropfentransport: Die Kinder bekommen einen Papp- oder Plastikteller oder einen Holzlöffel und transportieren die Tropfen in die Kartons.

- Tropfenschießen: Die Ballons werden mit dem Fuß oder dem Holzlöffel zu einem Ziel geschossen.

- Tropfentennis: Die Kinder versuchen einen Tropfen mit der Fliegenklatsche hoch zu werfen.

- Tropfenhüpfen: Die Tropfen werden auf ein Tuch gelegt. Alle Kinder fassen an und bewegen das Tuch so lange, bis kein Tropfen mehr auf dem Tuch liegt.

Literaturtipps

Ingrid Biermann
Kleinkinder entdecken ihre Umgebung
Verlag Herder
3. Auflage
Freiburg 2010

Ingrid Biermann
Musikalische Förderung für Kleinkinder
Verlag Herder
4. Auflage
Freiburg 2010

Ingrid Biermann/Reinhard Horn
Krabbellieder
KONTAKTE Musikverlag
Ute Horn e. K.
2. Auflage
Lippstadt 2002

Brigitte Wilmes-Mielenhausen
Wahrnehmungsförderung für Kleinkinder
Verlag Herder
5. Auflage
Freiburg 2010

Brigitte Wilmes-Mielenhausen
Bewegungsförderung für Kleinkinder
Verlag Herder
5. Auflage
Freiburg 2010

Fabienne Becker-Stoll/Monika Wertfein/Renate Niesel
Handbuch Kinder in den ersten drei Lebensjahren
Verlag Herder
3. Auflage
Freiburg 2010

Gerd E. Schäfer
Bildung beginnt mit der Geburt
Cornelsen Verlag Scriptor
2. Auflage
Weinheim und Basel 2004

Emmi Pikler
Laßt mir Zeit
Richard Pflaum Verlag
3. Auflage
München 2001

Christel van Dieken
Was Krippenkinder brauchen
Verlag Herder
2. Auflage
Freiburg 2008